LA CHUTE DE LA MAISON SCIENCES PO

CAROLINE BEYER

LA CHUTE DE LA MAISON SCIENCES PO

La crise des élites françaises

LES ÉDITIONS DU CERF

www.editionsducerf.fr
24, rue des Tanneries
75013 Paris

ISBN : 978-2-204-17129-8

Introduction

12 mars 2024. La terre tremble au 27, rue Saint-Guillaume, au cœur du quartier chic de Saint-Germain-des-Prés, à deux pas du Café de Flore et des Deux Magots. Les répliques se font sentir jusqu'aux ministères de la République française, situés non loin de là, et jusqu'aux portes du Palais de l'Élysée. Ce jour-là, au siège historique de Sciences Po Paris, une soixantaine d'étudiants occupent l'amphithéâtre Émile Boutmy, porteur du nom du fondateur et de 150 ans d'histoire. Ils le rebaptisent « amphi Gaza ». À l'intérieur, flottent des drapeaux palestiniens. Depuis la tribune, des militants masqués du « Comité Palestine », un collectif officieux et anonyme créé peu après l'attaque du Hamas contre Israël, tiennent une réunion de soutien à Gaza. Ils y ont invité des doctorants qui, entre autres thèmes, abordent celui de la judéité et de l'antisionisme. La salle se remplit d'étudiants, keffiehs sur les épaules. Dans l'amphithéâtre et le hall d'entrée, les slogans résonnent, de « Gaza, Sciences Po est avec toi » à « Palestine vivra, Palestine vaincra ». Le rassemblement se poursuit dans la rue Saint-Guillaume, sous l'œil des caméras qui ont accouru

au siège de l'institution par laquelle sont passés tant de présidents, de politiques et de journalistes. Les militants propalestiniens demandent à leur école de « condamner les actions d'Israël ». Les images et les propos se répandent sur les réseaux sociaux comme une traînée de poudre. Et puis, tombe la phrase « Ne la laissez pas entrer, c'est une sioniste », dont l'Union des étudiants juifs de France rapporte qu'elle a été prononcée à l'encontre de l'une de ses membres, pour l'empêcher d'accéder à l'amphithéâtre. De Sciences Po aux hautes sphères politiques et médiatiques, c'est l'emballement. Sur fond de montée de l'antisémitisme en France, le Président Macron qualifie les propos de « parfaitement intolérables ». Sur place dès le lendemain, Gabriel Attal, jeune Premier ministre de l'époque et ancien diplômé de l'école, a ces mots qui touchent en plein cœur la « fabrique des élites » : « Le poisson pourrit toujours par la tête. » Les élus de la droite montent au créneau, pendant que les voix de la France insoumise soufflent sur les braises. Dans les mois qui suivent, l'école va vivre aux rythmes des occupations, des slogans qui appellent désormais à soutenir l'Intifada, et des mouvements coups de poing qui entachent son Gala des anciens ou ses rendez-vous avec les entreprises. Les militants vont soigneusement reprendre le discours et les modes d'actions des universités américaines, qui donnent le ton aux jeunes élites mondialisées. Dans une spirale qui la dépasse largement, Sciences Po devient un jouet politique et médiatique que les différents camps s'arrachent dans une vaste polarisation des débats.

Mais ne l'aurait-elle pas cherché ? « Je ne comprendrais jamais pourquoi nous faisons la Une du *Monde*, feint de s'étonner un historique de l'école. L'école ne mérite pas tant d'attention… » Dans un égocentrisme souvent démontré, Sciences Po aime à faire parler d'elle. Les années Descoings ont donné le ton. Adepte des coups médiatiques, à l'instar de l'annonce tonitruante, en 2001, de l'ouverture d'une voie dérogatoire pour les lycéens de banlieue, Richard Descoings ne craignait pas les polémiques, comme celle qui a visé sa rémunération substantielle. Ses années de direction ont placé l'école sur le devant de la scène. Sa mort brutale en 2012, dans un hôtel new-yorkais, fut un choc. Trois ans plus tard, la journaliste du *Monde* Raphaëlle Bacqué, elle-même diplômée de l'école, lui consacrait le livre *Richie*, biographie dans laquelle elle plante un héros transgressif, bipolaire et homosexuel, à l'ascension aussi fulgurante que dangereuse. Sa succession avait plongé l'institution dans une crise majeure, dont elle ne semble toujours pas remise.

Si Sciences Po fait tant parler d'elle, c'est qu'elle se plaît à alimenter son image d'école du pouvoir. Passage quasi obligé pour accéder à la haute fonction publique, elle compte parmi ses anciens une ribambelle de figures de la politique et du monde des affaires. Rue Saint-Guillaume, se tiennent ainsi une multitude de conférences, données par des invités prestigieux. Parmi sa flotte d'enseignants vacataires, elle compte le Tout-Paris. Ici, les mythes et les codes sont soigneusement entretenus. Dans son hall d'entrée, se dresse la « Péniche », un grand banc en bois. Au coin de la Rue Saint-Guillaume, « Le Basile », brasserie appréciée des étudiants semble résister au temps qui passe. Sciences Po a aussi ses « conférences de méthode », qui désignent les cours en petits groupes, et ses « académiques », qui ne sont rien d'autre que des professeurs. Mais à trop vouloir attirer l'attention, elle s'est brûlé les ailes. Avant la déflagration de l'amphi Gaza, le bateau a régulièrement tangué, secoué par les démissions fracassantes de ses directeurs et les polémiques en tout genre. La crise de réputation s'est imposée comme une évidence avec les mobilisations propalestiniennes de 2024.

Mais comment en est-elle arrivée là ? Rue Saint-Guillaume, les professeurs qui regrettent les grands esprits de Raymond Aron ou de René Rémond et l'époque où Sciences Po était un salon bourgeois, retournent cette question dans leur tête. Dans les cercles des anciens et au-delà, le mouvement militant étudiant interroge, même si l'école est connue pour son ancrage à gauche. Est-il le fait d'une jeunesse bourgeoise qui, en ce XXIe siècle, embrasse le combat pour la défense des minorités, emmené par l'extrême gauche nouvelle, ou le résultat de l'ouverture sociale et internationale ? Comment une minorité agissante a-t-elle pu occuper tant d'espace, au point d'incarner le visage de l'école des élites ? Sous l'écume de l'agitation et du brouhaha politico-médiatique, ce sont en réalité les fondations de la maison qui vacillent depuis une vingtaine d'années. Treize ans après la mort Richard Descoings, elle est toujours dans le deuil du défunt patron.

Entre 1996 à 2012, Descoings a réformé tous azimuts, sans cacher sa volonté de transformer cette petite école pour jeunes gens du 7e arrondissement promis à l'Ena, en un « Harvard à la française ». Une révolution salvatrice, estiment ceux que la « dinguerie réfléchie » de Descoings laisse toujours admiratifs. « Une déstabilisation inconséquente », selon d'autres, qui jugent que l'ancien directeur n'a pas regardé au-delà de son propre règne. Impossible, quoi qu'il en soit, de ne pas voir son indélébile empreinte dans l'école actuelle. Largement internationalisée, elle accueille pour moitié des étudiants étrangers et envoie les Français passer une année entière au-delà des frontières hexagonales. Elle compte désormais 15 000 élèves et des campus de régions aux quatre coins de la France. Pionnière de l'ouverture sociale, elle s'enorgueillit de flirter avec 30 % de boursiers. L'envers du décor est moins rutilant. L'ouverture d'un nouveau campus ultra-moderne près de la place Saint-Thomas d'Aquin, dans le 7e arrondissement parisien, a rimé avec important endettement. La subvention de l'État, elle, n'est plus ce qu'elle était. Les finances publiques sont en crise et Richard Descoings n'est plus là pour activer ses réseaux au plus haut sommet de l'État et dans les collectivités. En conséquence, les frais de scolarité ont bondi pour les étudiants venus de milieux aisés et de l'étranger, qui se comportent de plus en plus comme des « clients ». L'ouverture sociale a abouti, au rythme de la redéfinition de la méritocratie, à la suppression de son concours d'entrée en 2021. Les critères de sélection se sont faits flous. Prise en étau entre ses désirs bourdieusiens et la pression de la bourgeoisie, qui reste son cœur de cible et menace de regarder ailleurs, elle est au milieu du gué. Sans compter les polémiques récurrentes dont elle a fait l'objet au cours des dix dernières années, autour du « wokisme », de l'importation des *studies* américaines et de l'extrême gauchisation de ses étudiants et de son corps enseignant.

Pendant ses années de règne, Richard Descoings avait dépensé sans compter, sous le regard bienveillant de l'État. Sa gestion était monarchique. Ses successeurs, énarques tout comme lui, n'ont pas hérité des mêmes conditions. Occupés à assainir les finances et poursuivre le chemin sans retour tracé par le maître, ils ont ouvert à Sciences Po une ère plus démocratique. Mais dans cette maison, où se mélangent fâcheusement vie publique et vie privée, ils sont tombés les uns après les autres, sous le feu du scandale. L'affaire Duhamel, qui a ciblé une figure de l'école, le constitutionnaliste Alain Duhamel, accusé d'inceste, a emporté avec elle le directeur Frédéric Mion. Cette affaire, qui a passionné les médias et mis la lumière sur Sciences Po a révélé, à l'issue de plusieurs semaines de feuilleton, que Mion savait. Elle a donné davantage d'ampleur au combat contre les violences sexuelles, déjà vif. Son successeur, Mathias Vicherat en fait sa priorité, mais il a fini en garde à vue pour violences conjugales. Il quittera le navire au moment le plus critique, le 13 mars 2024, au lendemain de l'« amphi Gaza ». Dans un décor rêvé et face à un public de choix, l'école a mis en scène les travers et la consanguinité des élites dirigeantes. En coulisse de cette pièce de théâtre, elle a avancé sans gouvernance stable et sans stratégie de long terme. Une navigation à vue, qui a laissé toute sa place à un petit système féodal, dont les ficelles sont tirées par les personnes installées dans la maison, au premier rang desquelles les enseignants-chercheurs. À travers cette histoire récente de Sciences Po, ce sont les contours de la crise des élites qui se dessinent. Le nouveau directeur, arrivé en octobre 2024, a du pain sur la planche.

1.

Quand la maison Sciences Po perd la tête

Une mort brutale et plusieurs démissions. En l'espace de douze ans, entre 2012 et 2024, Sciences Po Paris a perdu trois directeurs et essuyé des crises de succession majeures. De quoi écorner son image. De quoi faire aussi abondamment parler d'elle. « Au fond, ils adorent ça », glisse une mauvaise langue. À chaque secousse, le petit monde politico-médiatique parisien, qui compte tant d'anciens de la maison, chez les journalistes, sur les bancs de l'Assemblée nationale, dans le monde politique et des affaires se délecte de livrer ses commentaires, son avis, ses confessions. La plupart du temps de manière parfaitement anonyme. La petite élite, et ceux qui rêvent d'en être, se plaît à alimenter le roman et faire vivre cette comédie humaine qui se joue sur une scène de choix, au cœur de Saint-Germain-des-Prés, à deux pas du quartier des ministères. Car il est question de la « fabrique des élites », l'école par laquelle sont passés cinq présidents de la Ve République, celle qui inonde de ses diplômés les cabinets ministériels et le monde des attachés parlementaires, celle qui, en préparant au concours de l'INSP (l'ex-Ena), alimente la haute fonction publique et les « grands corps », à commencer par le Conseil d'État, le plus prestigieux d'entre eux.

Entre 2012 et 2024, les batailles successives pour les clés de la maison se sont rejouées à l'identique, dans une pièce de théâtre aux accents balzaciens. De la plèbe à l'aristocratie, des candidats ont postulé. Certains y ont cru et ont fait étalage de leur amertume une fois éconduits. Ils ont dénoncé les « magouilles », le jeu « pipé d'avance », la « consanguinité » à l'œuvre. Peut-être connaissaient-ils, au fond, les règles du jeu, mais ils ont espéré faire mentir le sort. Comme les héritiers naturels du magnat de la presse de la série américaine *Succession*, les dauphins ou les candidats que les pronostics donnaient vainqueurs ne sont jamais parvenus, au fil de cruels épisodes, à se hisser au pouvoir. Des personnalités de premier plan ont semblé perdre la tête dans leur espoir de diriger l'école et d'accéder à l'univers feutré des hautes sphères du pouvoir. « Cette maison rend fou », répètent les commentateurs cyniques. À l'arrivée, c'est fatalement un énarque, parfaitement inconnu du monde de l'enseignement supérieur qui, sorti du chapeau dans la dernière ligne droite de la compétition, l'a finalement emporté. À l'issue de moult rebondissements, étalés dans la presse. Si certains invoquent « une malédiction », d'autres, plus prosaïques, accusent un mode de fonctionnement enraciné, un « système » qui a touché ses limites. Au fond, Sciences Po reproduit, à sa petite échelle, les dysfonctionnements de l'État et les errances d'une élite déconnectée.

La mort du « Roi Richard »

Tout commence le 3 avril 2012, dans la chambre d'un hôtel de Manhattan, à New York. Richard Descoings, 53 ans, directeur de Sciences Po depuis 1996, invité à Columbia pour un colloque réunissant les présidents de grandes universités mondiales, y est retrouvé mort. La police américaine conclut à une crise cardiaque. Sidération. En 16 ans, cet énarque sorti du Conseil d'État, fils de médecins, pur produit de la bourgeoisie catholique parisienne, a durablement marqué le destin de l'école, dont il prétendait faire un « Harvard à la française ». Sous son règne, le nombre d'étudiants a explosé. L'école s'est internationalisée. L'année à l'étranger est devenue la règle pour les élèves français, tandis que les étudiants internationaux sont arrivés en masse. Sciences Po s'est aussi lancée dans la discrimination positive à l'américaine, en recrutant, en marge de son concours, des jeunes de milieu défavorisé. Elle a aussi augmenté ses frais de scolarité. Et dépensé sans compter. Médiatique, homme dit « de gauche », Richard Descoings a marqué l'école du sceau de sa personnalité excessive.

« Il pensait stratégie en permanence et tout le monde lui courait derrière. Richard, c'était "on fait d'abord et on voit ensuite comment on finance" », raconte une figure historique de la maison : « Il aimait être au bord de l'abîme. » Son homosexualité est connue. Tout comme son histoire avec Guillaume Pépy, l'ancien patron de la SNCF. Il est aussi réputé pour son goût de la fête et sa proximité avec les étudiants de l'école. À la fois « représentant d'une oligarchie soucieuse de préserver son héritage et directeur de jeunes consciences », écrit Raphaëlle Bacqué dans son livre *Richie*, paru trois ans après sa mort, dans lequel elle décrit les deux visages de Descoings. Le directeur échange sur Facebook avec les étudiants et fréquente le Siècle, ce club d'influence très fermé, où l'un de ses parrains n'est autre que le constitutionnaliste Olivier Duhamel.

Durant les années Descoings, Sciences Po connaît un fort développement et change de dimension. La gestion financière fait la part belle aux dérives. Le mode de direction est autocratique et opaque. Le directeur mélange allègrement vie publique et vie privée. En 2004, à la surprise générale, il épouse Nadia Marik, autre énarque recrutée à Sciences Po quatre ans plus tôt. En 2002, il lui avait confié la direction de la stratégie de l'école. Le 11 avril 2012, lors de ses funérailles à l'église Saint-Sulpice, où se pressent ministres, politiques, hauts fonctionnaires, dirigeants et étudiants, les invités présentent leurs condoléances à la veuve, ainsi qu'à Guillaume Pépy. « À côté, il y avait les parents de Richard. C'était surréaliste, se remémore un professeur de l'école. Il y a eu, et il existe toujours, un culte à sa gloire, comme si avant lui, c'était la nuit, et après lui, le jour », poursuit-il, décrivant « un Janus magnifique ».

Un diplômé de 2001, première promo à avoir fêté son diplôme à l'étranger, se souvient du voyage en Eurostar pour Londres, et des mots du directeur aux étudiants qui veulent alors faire une photo avec lui : « Bien sûr. Aujourd'hui, c'est Eurodisney ». Et de Descoings dansant jusqu'au bout de la nuit dans une boîte londonienne, en anorak à manches courtes et petit short militaire kaki. Une ancienne étudiante garde un souvenir différent. « J'étais enceinte et je n'étais pas très en forme. J'ai pleuré dans son bureau. Il était prêt à m'accorder toutes les dérogations possibles pourvu que je sorte ! » raconte-t-elle. « Il est mort quand j'étais en deuxième année. L'école est restée ouverte toute la nuit. Il y avait des bougies partout, se souvient un diplômé 2016. On disait tous "Merci Richie", en regardant le ciel. Certains de mes amis pensaient qu'on était givrés. On l'était, mais à l'époque, tout nous semblait normal. Il y avait un vrai côté gourou ».

Treize ans après ce décès brutal, l'aura de Descoings, salutaire ou encombrante, plane immuablement sur la Rue Saint-Guillaume. Il suffit de parler de Sciences Po avec des enseignants, des anciens ou des proches de la maison, pour comprendre que la référence n'est jamais loin. « Un visionnaire qui a métamorphosé une vieille dame parisienne repliée sur elle-même en institution internationale », clament, dithyrambiques, ceux qui, dans le camp de la gauche, aiment à convoquer l'esprit de l'ex-directeur pour défendre la politique d'ouverture sociale poursuivie jusqu'alors. « Un type malin qui a su positionner l'école sur le plan international au bon moment, en l'inscrivant dans le processus de Bologne (l'harmonisation, à la fin des années 2000, des cycles d'études – licence, master et doctorat – pour coller aux standards internationaux). Tout le reste, n'est qu'un copié-collé d'une université américaine », nuance une voix pragmatique. Pour les plus critiques, qui regardent les années Descoings à l'aune des idéologies « woke » qui agitent aujourd'hui Sciences Po, « le ver était dans le fruit ». « Richard, c'était un peu "le Roi Fou" de *Game of Thrones*. Il a développé Sciences Po à la Elon Musk. Un leader charismatique qui emporte tout sur son passage, sans se préoccuper de ce qui arriverait après lui », résume un professeur.

Sa mort laisse l'école endeuillée, mais surtout sans successeur. Depuis la création de Sciences Po en 1872, la tradition veut que le directeur en poste désigne son successeur. Le fait du Prince est une règle tacite. L'année 2012 plonge donc l'institution dans l'inconnu, l'obligeant à inventer une procédure dans l'urgence. C'est ici que les ennuis commencent. Deux hommes apparaissent comme les grands sages qui vont permettre de passer le cap. Le premier est l'agrégé de droit et d'économie Jean-Claude Casanova, 77 ans. Cet universitaire réputé, qui enseigne à Sciences Po depuis les années 70, est le cofondateur, avec Raymond Aron, de la revue politique *Commentaire*. À l'époque, il préside la Fondation nationale des sciences politiques (FNSP), depuis cinq ans. Cette fondation de droit privé est l'instance décisionnelle qui fait toute l'originalité et la force de l'école. Imaginée en 1945 pour échapper à la nationalisation totale, que réclamaient alors les députés communistes, elle garantit l'indépendance de l'institution vis-à-vis de l'État et, de fait, la grande liberté d'action de son directeur. Elle a la main sur la stratégie de l'Institut d'études politiques (IEP) qui, en parallèle, pilote la formation et la recherche. En tant qu'« établissement public à caractère scientifique, culturel et professionnel », l'IEP touche des subventions de l'État. Le beurre et l'argent du beurre ou la magie de Sciences Po.

En 2012, c'est l'ex-banquier Michel Pébereau, 70 ans, qui préside le conseil de l'IEP, et ce, depuis 24 ans. Polytechnicien et énarque, l'ancien patron de BNP Paribas est le deuxième grand sage de l'intrigue. Les deux hommes se sont rencontrés au cabinet du ministre Raymond Barre, sous le septennat de Valéry Giscard d'Estaing. Le tandem Casanova-Pébereau entend régler la succession rapidement. Les candidats devront se dévoiler avant la mi-juin et le nouveau directeur prendra ses fonctions dès septembre. Mais leur plan ne va pas se passer comme prévu.

Succession, acte I

Sciences Po s'affiche comme une grande université de rang mondial. Officiellement, elle annonce donc une procédure de sélection digne de ce nom, ouverte et transparente. Les candidats devront « avoir une expérience suffisante » de l'école, « connaître le monde universitaire français et international », « pratiquer l'anglais », « disposer de qualités administratives et financières », explique-t-elle en mai 2012 dans un communiqué.

La mariée est séduisante et suscite des appétits. Le ban et l'arrière-ban de Paris se précipitent. « Mais au bout de quelques semaines, les candidats s'aperçoivent que l'on se moque d'eux, se souvient, avec une colère intacte, un ancien prétendant. Il y avait quand même parmi eux un ambassadeur, un président de la Cour des comptes ! Comment peut-on faire ça quand on s'appelle Sciences Po Paris ? » Rapidement, il apparaît que les deux sages ont d'ores et déjà choisi leur poulain. Il s'appelle Hervé Crès, 45 ans. Arrivé à Sciences Po en 2008, après un passage par la direction d'HEC, il s'est imposé comme le bras droit de Descoings. Directeur adjoint chargé des études et de la scolarité, il assure d'ailleurs l'intérim depuis avril 2012. Normalien, docteur en économie et en mathématiques appliquées, il présente un beau CV. À ceci près qu'il n'est pas énarque et n'a pas les réseaux qui vont avec. Pourra-t-il, comme le faisait Descoings, décrocher son téléphone pour négocier la subvention de l'école en direct avec l'Élysée ? Avec son allure d'étudiant et de premier de la classe, Hervé Crès n'a pas le côté flamboyant de l'ancien directeur. Mais qu'importe. En cette période de turbulences, il incarne la continuité. Il est surtout l'homme sur lequel la FNSP pourra garder la main.

Parmi les candidats, on compte l'historien Benjamin Stora, le politologue Dominique Reynié, Jean-Michel Blanquer, l'ex-directeur de l'enseignement scolaire des années Sarkozy, Gilles Andréani, magistrat à la Cour des comptes, mais aussi le patron de l'entreprise de transports publics Keolis, un avocat au barreau de Paris, le directeur de l'École normale supérieure de Lyon, le directeur de l'IEP de Lille… Au fil des semaines, la liste s'allonge et sort dans la presse. Ils seront vingt-quatre au total. Puis, fin juin, sans crier gare, les noms des quatre finalistes appelés à passer l'oral devant les instances de l'école fuitent. Crès, Reynié, Blanquer et Andréani sont en lice. Indignation des recalés, qui expliquent ne pas même avoir reçu un appel téléphonique, s'interrogent sur les critères de sélection et crient à l'opacité, à l'entre-soi, au parisianisme, au sexisme. Jean-Claude Casanova s'en défend, affirmant que la procédure n'a jamais été aussi transparente. « Nous étions trois ou quatre à décider. Aujourd'hui, nous avons ouvert la procédure et fait appel pour la première fois à des candidatures extérieures. Que nous reproche-t-on ? » s'interroge-t-il sincèrement dans la presse. Il faut dire qu'entre un système monarchique et la démocratie, le chemin est parsemé d'une grande nuance de couleurs. En juillet, les finalistes sont auditionnés, plus ou moins formellement. Les illustres membres de la FNSP (le vice-président du Conseil d'État, le patron de la caisse des dépôts, l'universitaire Olivier Duhamel, le président d'Axa, l'ex-dirigeant de Renault…) les rencontrent en tête-à-tête.

Alors que les critiques fusent, un autre drame se joue en parallèle. Il promet d'envoyer Sciences Po droit dans le mur. Mais le duo Casanova-Pébereau pense là aussi faire fi des règles qui s'imposent au commun des mortels. Depuis plusieurs mois, la Cour des comptes travaille à un rapport sur la gestion de Sciences Po. Il porte sur la période 2005-2010, les années Descoings donc. Et l'on en connaît déjà plus ou moins la teneur. Une gabegie financière, une gestion autocratique qui s'est affranchie des règles, avalisée par les hautes instances de l'institution. Fin 2011, la révélation par *Mediapart* de primes d'un montant total de 295 000 euros, réparties entre les onze membres du comité exécutif (entre 10 000 et plus de 100 000 selon les personnes) a fait scandale, sans pour autant faire ciller l'école. « Je prends des risques… Si la question est "vous trouvez-vous trop payé ?", la réponse est non », assène à l'époque Descoings qui, dans *Libération*, reconnaît gagner 27 000 euros bruts par mois hors primes. En juillet 2012, les premières conclusions de l'audit de la Cour des comptes, lancé quelques mois avant la mort de l'intouchable directeur, laissent entrevoir l'étendue des largesses à Sciences Po, financée pour l'essentiel par l'État (60 %), mais aussi par les frais de scolarité des étudiants, les entreprises et les donations. Les sages de la rue Cambon pointent des primes attribuées dans le plus grand secret, des enseignants qui ne feraient pas toujours leurs heures, une mission sur la réforme du lycée, dont le président Sarkozy avait chargé Richard Descoings en 2009, financée à près d'un million d'euros par la FNSP. Sans compter la distribution de nombreuses cartes de crédits pour régler des frais professionnels, des appartements attribués gracieusement ou encore ce dîner de travail au Lutetia, grand hôtel parisien, payé par l'école.

C'est dans ce contexte que l'État vient se rappeler au bon souvenir de l'école. Après tout, il finance Sciences Po à hauteur de 62 millions d'euros par an et c'est lui qui, au bout du bout, nomme le directeur de l'institution, par décret de la Présidence de la République. En septembre, Geneviève Fioraso, ministre de l'Enseignement supérieur du quinquennat Hollande, met en garde ceux qu'elle surnomme les « papys flingueurs » et qui la méprisent souverainement. Elle demande à Casanova et Pébereau d'attendre le rapport définitif de la Cour des comptes, prévu en novembre, pour nommer le nouveau directeur. Car leur favori, Hervé Crès, qui a officié sous Descoings, pourrait être éclaboussé. Mais les deux hommes s'entêtent et s'en tiennent au plan initial.

Fin octobre, alors qu'une fronde d'enseignants-chercheurs remet en cause la procédure, Hervé Crès est élu par les deux « têtes » de Sciences Po, la fondation et l'IEP. Comme prévu. Fin novembre le rapport définitif de la Cour des comptes est assassin. Il confirme ses conclusions provisoires et enfonce le clou. Si Sciences Po a connu une forte expansion entre 2005 et 2010, avec un doublement du nombre de ses étudiants, une augmentation du nombre de boursiers et un essor à l'international, c'est au prix d'irrégularités et de dépenses excessives. Grâce à des bonus, les rémunérations des dirigeants ont atteint des sommets. En 2010, Descoings s'est attribué plus de 537 000 euros brut. L'État, dont la subvention versée à l'école a bondi, n'a pas été très regardant. La FNSP, censée gérer le budget, non plus. Son président, Jean-Claude Casanova, qui a lui-même touché une prime mensuelle de 3 000 euros, est dans le collimateur. La Cour de discipline budgétaire et financière est saisie. Il y aura donc des poursuites en justice. Dans ce contexte, la nomination d'Hervé Crès est récusée par l'État. C'est la fin de ce premier acte délirant.

Le roi est mort, vive le roi !

Le second s'ouvre sur l'idée que la page Descoings est tournée et que l'heure est au grand nettoyage. L'exécutif nomme un administrateur provisoire, Jean Gaeremynck, conseiller d'État. Il a pour mission d'organiser une nouvelle procédure de nomination, ouverte, transparente, incontestable. Sciences Po crée enfin un comité de recherche. On y retrouve les incontournables Casanova et Pébereau. « Ils ont choisi leurs copains pour en faire partie. La caricature du Paris magouilleur et de ce que Sciences Po peut produire de pire », lâche une personnalité qui, à l'époque, a tenté sa chance. « Avec la nomination de l'administrateur provisoire, présenté comme un "grand commis de l'État neutre", on a rapidement compris que le Conseil d'État était à la manœuvre, et que les universitaires, qu'il méprise, n'avaient aucune chance. L'élitisme français dans ce qu'il a de négatif ». Cette fois, pas moins de 32 candidats sont sur les rangs. En janvier 2013, six d'entre eux sont sélectionnés. Mais un nom reste soigneusement anonymisé. « La comédie se joue sur une semaine. Nous sommes reçus par un jury bidon. On ne sait toujours pas qui est le candidat mystère, mais on comprend que c'est le type qu'ils veulent », poursuit cette personnalité qui figure parmi les six. Fin février, le nom est révélé. Il s'agit de Frédéric Mion.

À 43 ans, il présente un CV sans faute : Normale Sup, Sciences Po, Princeton, puis l'Ena. Major de sa promo, il a intégré à sa sortie le prestigieux Conseil d'État, comme il se doit. Il a ensuite bifurqué vers le privé, le cabinet d'avocat d'affaires Allen & Overy, puis, à partir de 2007, le groupe Canal+, où son ami Alexandre Bompard, inspecteur des finances devenu patron de Carrefour, a suggéré son nom pour le poste de secrétaire général. Son expérience du monde universitaire est inexistante, si ce n'est un rapide passage par Sciences Po, où il a dirigé, un temps, la section « service public » et la classe préparatoire aux concours administratifs. L'idée que l'on est allé le chercher est dans tous les esprits. Et c'est le cas. Deux éminents membres du conseil de la FNSP ont poussé sa candidature et convaincu l'instance. Il s'agit du conseiller d'État Marc Guillaume, alors secrétaire général du conseil constitutionnel, qui connaît bien Frédéric Mion, et du constitutionnaliste Olivier Duhamel, professeur émérite et figure de la maison.

Fin février, Mion est donc en bonne position dans la *short list* de trois noms. On y trouve aussi un candidat au profil déconcertant. Un dénommé Andrew Wachtel, présenté comme « le candidat américain » et la preuve que Sciences Po est une grande institution internationale. Le problème, c'est que l'intéressé préside l'« université américaine d'Asie centrale », installée au Kirghizistan, et pour le moins inconnue… Une candidature alibi qui confine au ridicule et déclenche la colère du troisième homme retenu, le juriste Louis Vogel, ancien président de l'université d'Assas et de la « CPU », l'instance qui représente les universités françaises. « J'aurai beau tout faire, je ne serai jamais énarque, normalien, ou directeur dans un ministère ! lâche l'avocat et agrégé de droit privé dans les médias, avant de retirer sa candidature avec fracas. Au vu des critères requis pour faire le job, j'y croyais. Mais il me semble désormais évident que je n'ai plus rien à faire dans cette course », bouillonne-t-il.

Embarras de l'école après ce nouveau coup de théâtre. Elle choisit donc de repêcher Jean-Michel Blanquer, qui avait passé les premières qualifications. Le futur ministre de l'Éducation, qui estime a posteriori avoir bénéficié d'une mise en lumière favorable, est soutenu par l'association des anciens de l'école. La révolte gronde. Une « AG » (assemblée générale) est organisée et l'historique « amphi Boutmy » est occupé. Des étudiants tentent d'empêcher le vote du conseil d'administration de la FNSP, qui est délocalisé à la maison de la Chimie. Le 1er mars, il élit Frédéric Mion. Dans la foulée, le conseil de l'IEP se prononce à son tour, comme le prévoit la procédure, et le désigne également. Jean-Claude Casanova sort sous les huées d'étudiants qui appellent à sa démission. « *Vaffanculo* », lâche le Corse à l'un d'eux. Le feuilleton de onze mois se termine enfin, sur fond d'illusions perdues pour certains. Onze mois au cours desquels les rebondissements de cette affaire très parisienne ont largement été relatés par la presse nationale. Entre la mort de Descoings et la désignation de Mion, les quotidiens

Le Figaro, *Le Monde* et *Libération* y ont consacré plus d'une centaine d'articles.

Sciences Po a donc fait le choix de la raison et Frédéric Mion s'installe dans le fauteuil de Descoings. Pas immédiatement, car le bureau du directeur vénéré restera encore fermé à clé quelque temps. Énarque sorti du Conseil d'État et homme de gauche, le nouveau patron de l'école s'inscrit dans le sillage de son prédécesseur. Il poursuivra d'ailleurs sa politique d'ouverture sociale et d'internationalisation. Le conseil d'administration de la Fondation nationale des sciences politiques, où patrons du Cac 40 et hauts fonctionnaires se côtoient, est rassuré. Comme tout le monde du reste, y compris les enseignants-chercheurs qui s'étaient indignés du fait qu'un profil universitaire n'ait, de toute évidence, pas été envisagé. « Un énarque, ça fait toujours le job », résume, fataliste, un étudiant.

Frédéric Mion est issu d'une vieille famille de la bourgeoisie montpelliéraine. Tiré à quatre épingles dans ses costumes très *british*, il parle un anglais parfait. Un homme « délicieux », tout juste qualifié de « petit marquis » par les plus critiques. « Contrairement à Richard, Frédéric assumait tranquillement son homosexualité », se souvient un membre de la FNSP. « Il n'était pas dans l'"egotrip", estime un professeur. Au début, le culte de la personnalité l'amusait, puis il s'en est lassé. À la fin d'ailleurs, il avait pris beaucoup de distances. Il mettait moins les mains dans le cambouis des réformes ». Le nouveau directeur ne touche « que » 200 000 euros brut par an, soit deux fois moins que Descoings. Un peu trop par rapport à un président d'université juge cependant la Cour des Comptes en 2016, estimant par ailleurs que la « remise en ordre » de l'institution est encore « à parachever ».

Frédéric Mion n'a pas l'exubérance de l'ancien directeur et on le respecte aussi pour cela. Beaucoup considèrent que l'institution a besoin d'une petite cure de sommeil. Son règne de huit ans se déroule sereinement. Un professeur de droit garde le souvenir de ce moment suspendu, fin 2019, lors du gala annuel de Sciences Po à l'hôtel InterContinental, dans le 9e arrondissement parisien. Le directeur est entouré de ses amis Édouard Philippe, le Premier ministre d'Emmanuel Macron – ils se sont rencontrés au Conseil d'État et Mion est le parrain de l'un de ses enfants – et Alexandre Bompard, le patron de Carrefour, qui préside la campagne de levée de fonds de 100 millions d'euros, lancée par l'école en 2018. « Les donateurs étaient là. Trois ans plus tôt, l'école avait acquis l'hôtel de l'Artillerie, le futur campus Saint-Thomas. Elle était triomphante », raconte-t-il.

En 2018, le renouvellement de Frédéric Mion à la direction est une formalité. L'unique autre candidat est immédiatement écarté. « Duhamel ne voulait même pas lancer de procédure », se souvient un ex-membre du conseil de l'IEP. Depuis 2016, Olivier Duhamel a pris les rênes de la FNSP, où il a remplacé Casanova. Cette année-là, l'instance, qui a largement été critiquée pour son opacité au moment de la succession de Descoings, a revu ses statuts, en ouvrant son conseil d'administration de 25 membres à des représentants des étudiants et des enseignants. Mais l'entre-soi reste de mise. Les membres du collège dit « des fondateurs », ces dix personnalités influentes du monde économique et politique, choisies pour perpétuer l'ADN de l'école, continuent de se coopter. À l'époque, ce collège compte encore Michel Pébereau, mais aussi Louis Schweitzer, l'ancien patron de Renault, et Olivier Duhamel, qui en est membre depuis 1995 et le pilote désormais. C'est par lui que le scandale va arriver.

L'onde de choc de l'affaire Duhamel

Sordide récit d'un inceste accusant un personnage influent, l'affaire Duhamel réveille les vieux démons de Sciences Po. Symbole de l'omerta qui couvre les travers des élites et de la connivence tacite entre les puissants, elle fait apparaître l'école comme l'une des pièces de ce système. Le 4 janvier 2021, Olivier Duhamel, 70 ans, annonce sur les réseaux sociaux qu'étant « l'objet d'attaques personnelles » et « désireux de préserver les institutions » dans lesquelles il travaille, il met fin à toutes ses fonctions. Il démissionne donc de la présidence de la

Fondation nationale des sciences politiques, et de celle du club d'influence Le Siècle. L'universitaire de renom sait que la parution, quelques jours plus tard, du livre de sa belle-fille, Camille Kouchner, signe sa mort sociale. Cette avocate est la fille de l'ancien ministre Bernard Kouchner et d'Évelyne Pisier, première femme française agrégée de droit public. La sœur de l'icône de la nouvelle vague Marie-France Pisier s'est remariée à Olivier Duhamel. Dans *La Familia Grande*, Camille Kouchner raconte comment son frère jumeau a été abusé sexuellement par ce beau-père qu'ils aimaient. C'était à la fin des années 80, lorsqu'ils avaient 13-14 ans. À 45 ans, après 32 ans de silence et alors que les faits sont prescrits, elle a choisi de parler, comme l'a fait, un an plus tôt, Vanessa Springora dans *Le consentement*.

Si l'inceste et les visites nocturnes d'Olivier Duhamel à son beau-fils n'occupent qu'un chapitre, *La Familia Grande* dépeint la vie de l'intelligentsia de gauche, à Paris et à Sanary-sur-Mer, où se trouve la maison de vacances varoise des Duhamel. Là-bas, on croise « des intellos », des ministres, des figures de la « gauche caviar ». Dans le « microcosme des gens de pouvoir, Saint-Germain-des-Prés, beaucoup savaient et la plupart ont fait comme si de rien n'était », écrit Camille Kouchner. Un secret de polichinelle. À la fin des années 2000, les jumeaux ont révélé les faits à leur mère. Le premier cercle familial et amical est au courant. Puis, après la mort en 2017 d'Évelyne Pisier, qui avait pris le parti de son mari, les langues se sont déliées. Lorsque l'affaire éclate, la question est de savoir qui était au courant. Car Olivier Duhamel est connu dans le Tout-Paris.

Fils de Jacques Duhamel, qui fut ministre pendant les années Pompidou, il est une figure de la vie politique et médiatique parisienne depuis 30 ans. Politologue renommé, spécialiste du droit constitutionnel, de la Ve République et de la gauche française, il maîtrise l'art du réseautage. Il a ses entrées partout. Il est ami avec François Hollande. Ce qui ne l'empêche pas d'être des convives de la brasserie parisienne La Rotonde, lors de la victoire d'Emmanuel Macron au premier tour de la présidentielle 2017. Il a rencontré le futur chef de l'État lorsque ce dernier était ministre de l'Économie sous le quinquennat Hollande, par l'intermédiaire de Laurent Bigorgne, ancien bras droit de Descoings à Sciences Po, qui dirige depuis 2010 l'Institut Montaigne, ce think tank libéral proche de la macronie. Au Siècle, dont il a poussé la porte dès 1983, il fait partie des piliers, à l'instar de ses amis l'avocat d'affaires Jean Veil, l'un des fils de Simone Veil, et Marc Guillaume, l'ancien secrétaire général du gouvernement et actuel préfet de Paris et d'Île-de-France. Depuis 2020, Olivier Duhamel préside ce club de l'élite française créé en 1944, essentiellement masculin, où l'on se coopte et où l'on dîne ensemble une fois par mois.

À Sciences Po, l'institution à laquelle il est certainement le plus attaché, Duhamel est une star. Arrivé à l'école à la fin des années 80 comme maître de conférences, il donne aux étudiants de première année son fameux cours sur les institutions politiques jusqu'en 2010. Il est également un poids lourd de la Fondation nationale des sciences politiques qu'il a intégrée en 1995 et qu'il préside depuis cinq ans au moment de sa démission. Des représentants étudiants aux enseignants, beaucoup de membres se souviennent de sa verve et de l'absence de dialogue, notamment sur le sujet de sa rémunération de 3 000 euros, pour la seule présidence de la FNSP. Certains la jugent déplacée car par le passé, ses prédécesseurs œuvraient à titre bénévole. « Il fumait son cigare. Il nous coupait la parole. Il faisait des exposés fleuves. On avait droit à ses plaisanteries auxquelles tout le monde riait. Un vrai système féodal », relate un membre de la fondation. Au 2e étage de la Rue Saint-Guillaume, il a déserté le bureau de la présidence pour s'installer dans la spacieuse et majestueuse salle à manger, qui donne sur le jardin de l'école. « Ici, il reçoit, il organise des dîners », explique encore ce membre. Un personnage haut en couleur. Un ogre aussi, auquel on n'ose s'opposer et qui règne en maître sur l'instance de supervision de l'école.

À la FNSP, Olivier Duhamel a coopté Marc Guillaume en 2012. Un influent personnage, symbole de la puissance de la haute fonction publique. Au poste de secrétaire général du gouvernement, où il a été promu en 2015 et qu'il occupera jusqu'en 2020, il a hérité du surnom de « grand chambellan ». Les deux hommes se connaissent depuis des années. Ils ont codirigé *Pouvoirs*, revue de référence dans le domaine des institutions et de la science politique, fondée en 1977 par le constitutionnaliste. Depuis une vingtaine d'années, Marc Guillaume connaît par ailleurs Frédéric Mion qui, comme lui, est conseiller d'État. En 2013, le haut fonctionnaire fera le lien entre le futur directeur et le président de la FNSP. Ensemble, ils pousseront la candidature surprise de Mion.

En janvier 2021, Sciences Po est donc sidérée. « Nous sommes dans une institution d'éducation et c'est l'indignité que l'on découvre ! » résume un historique de la maison. « Avec Olivier, on aurait pu s'attendre à une histoire de main aux fesses. Mais comment s'imaginer un truc pareil ? » lâche un autre. Duhamel, c'est « le visage de Sciences Po », expliquent les étudiants, ce grand constitutionnaliste qui accueille par un discours de bienvenue les élèves de première année, munis de leur « Tusseau-Duhamel », la « bible » du droit constitutionnel. Tous ont en tête la leçon inaugurale d'accueil que Frédéric Mion lui a confiée quelques mois auparavant, en septembre 2020. « Vous êtes cet après-midi entre de très bonnes mains, celles du président de la Fondation nationale des sciences politiques, du professeur Olivier Duhamel, celles de quelqu'un que je m'honore à considérer comme un maître, mais surtout comme un ami », explique ce jour-là le directeur aux étudiants, avant de laisser la parole au constitutionnaliste qui, décontracté, a revêtu son habituel polo. « Lorsque l'affaire a éclaté, nous nous sommes souvenus qu'à 18 ans, nous l'écoutions religieusement. Je me suis précipité pour acheter *La Familia Grande* », raconte un ancien étudiant.

Le directeur Frédéric Mion se dit « sous le choc » et condamne « fermement toute forme de violence sexiste et sexuelle ». Mais au conseil d'administration de la FNSP, le ton n'est pas unanime. Certains membres affichent un soutien sans faille à Duhamel, rapportent des élus étudiants, sincèrement outrés. « On nous a demandé de nous taire, de ne pas faire de vagues, se souvient un ex-élu étudiant. Et lorsque nous nous sommes exprimés dans les médias, on nous a reproché de ternir l'image de l'institution ! » L'ancienne patronne du Medef, Laurence Parisot, vice-présidente de la FNSP, se souvient qu'il y avait alors « un risque, de la part de certains membres de conseil de la fondation, de minimiser l'affaire ». « Duhamel avait été nommé président alors que, de toute évidence, certains savaient. Lorsque des gens se tiennent entre eux, dans le secret, cela ne peut pas fonctionner », ajoute-t-elle. Sciences Po commence à tanguer. Et ce n'est que le début.

Frédéric Mion a affirmé à deux reprises qu'il venait de découvrir les faits. Mais le 8 janvier, *Le Monde* révèle qu'il en a été averti en 2018 par l'ancienne ministre de la

Culture Aurélie Filippetti, qui enseignait à l'école. Lorsque le directeur reconnaît qu'il a été informé, la crise prend une nouvelle dimension. Il raconte être allé voir Jean Veil, avocat star du barreau de Paris. Ce dernier est un ami d'Olivier Duhamel. Il l'a d'ailleurs recruté au sein de son cabinet en 2010 et a poussé sa candidature à la présidence du Siècle. « Je me suis laissé berner », confesse Frédéric Mion au *Monde*, rapportant que Jean Veil lui a affirmé qu'il ne s'agissait que de « rumeurs ». Le directeur se prête à un embarrassant mea culpa, expliquant qu'il a « manqué de discernement », qu'il est prêt à « l'entendre et en subir les conséquences ». Pense-t-il que son sort est scellé ? Si l'on en croit les témoignages, il est déjà prêt à démissionner, mais on lui demande de rester. Par la voix du conseil de l'Institut, les enseignants et salariés de Sciences Po lui apportent leur soutien. L'institution se refuse à voir son directeur tomber, éclaboussé par un scandale sexuel. Les donateurs pourraient prendre leurs distances, et ce n'est pas vraiment le moment. Depuis 2010, le budget a bondi de 130 à 200 millions d'euros, sans que la dotation publique, qui pèse désormais pour un tiers, ne suive. Tous les yeux sont tournés vers la campagne de levée de fonds lancée par Mion, qui a permis de récolter 70 millions d'euros sur les 100 visés pour l'horizon 2022.

De leur côté, les étudiants commencent à s'agiter dangereusement. Les syndicats Unef, Solidaires et Nova ou encore Garces, le collectif féministe de Sciences Po, dénoncent « l'omerta » au sein de l'institution, la « complicité » avec un « pédophile », et demandent la tête du directeur. « Nous avons réalisé qu'il y avait des accointances et des soutiens en interne, au-delà de ce que nous pouvions soupçonner ! », raconte un ancien syndicaliste étudiant. Alors que l'orage gronde, l'État décide d'intervenir. Le 15 janvier, la ministre de l'Enseignement supérieur, Frédérique Vidal, diligente une inspection Rue Saint-Guillaume pour tirer au clair la chronologie des faits et les responsabilités. C'est à ce moment que Marc Guillaume lâche Frédéric Mion. Devant les inspecteurs, il reconnaît que le directeur l'a mis au courant de « problèmes sexuels » concernant Duhamel, en 2018. Mion avait pourtant affirmé ne pas lui en avoir soufflé mot. Le 9 février, le rapport de la mission est accablant. Il établit que six personnes à Sciences Po étaient au courant, parmi lesquelles le directeur, mais aussi une professeure émérite et amie d'Olivier Duhamel, qui en a averti Aurélie Filippetti, et un membre du comité exécutif. La mission rejette l'idée d'« existence d'une forme d'omerta » ou de « silence concerté qui aurait eu vocation à cacher de telles accusations au sein de Sciences Po ». Mais c'est bien vain au regard des faits et du symbole.

Après avoir lu ce rapport, Frédéric Mion démissionne, victime d'avoir fait le silence autour de celui à qui il devait sa nomination. « Comment aurait-il pu agir autrement ? Duhamel n'était rien d'autre que son patron. Frédéric tombe.

C'est dommage. Il tenait la boutique », lâche un enseignant. « Cette connivence illustre l'ampleur des défaillances de nos instances de gouvernance, incapables d'exercer leur mission de contrôle », estime un certain Nicolas Metzger. Pendant l'affaire Duhamel, ce polytechnicien diplômé de Sciences Po, patron d'une entreprise spécialisée dans l'intelligence artificielle, a joué les trouble-fêtes, en dénonçant publiquement « l'opacité » selon lui inhérente à l'institution qu'il connaît bien. Il y a enseigné et présidé le conseil de l'IEP, entre 2016 et 2019. « Sciences Po, c'est l'État en modèle réduit, avec les mêmes magouilles. On aura beau changer les hommes, c'est le mode de fonctionnement qui pèche, poursuit-il. Dans cette pièce de théâtre, les plus influents magouillent pour le plaisir, les enseignants-chercheurs payés 2 500 euros par mois digèrent leur frustration en participant à des instances de décision, et les étudiants deviennent de plus en plus militants ».

Avec l'affaire Duhamel, Sciences Po a perdu ses deux « têtes », le président de la FNSP et le directeur de l'IEP. Elle sort complètement groggy de cet épisode aux allures de roman noir. L'image est écornée et la confiance altérée. Les enseignants qui ont soutenu Mion se sentent « cocus », pour reprendre leurs mots. Quant aux étudiants, ils porteront systématiquement, après cette affaire, un regard a priori soupçonneux sur les directeurs à venir. De leur côté, les anciens de l'école se désespèrent d'une succession d'affaires de mœurs, qui viennent entamer sa réputation. « Descoings, Duhamel, puis Bigorgne… Ça commence à faire beaucoup », lance l'un d'eux, qui a cessé de payer sa cotisation à l'association des alumni. En février 2022, l'affaire Laurent Bigorgne porte un petit coup indirect à l'école, lorsque le président de l'Institut Montaigne est placé en garde à vue pour avoir drogué à son insu l'une de ses collaboratrices lors d'une soirée de travail. Mais il reste étroitement lié à l'image de Sciences Po, où il a œuvré entre 2000 et 2009. « Pour Descoings, il était un peu le Alexis Kohler (l'ex-secrétaire général de la présidence de la République) d'Emmanuel Macron, résume cet ancien. Un type intellectuellement brillant qui a fait tourner la boutique ». À l'issue d'un procès qui souligne son addiction à la cocaïne, Laurent Bigorgne, accusé d'avoir administré des amphétamines à sa collaboratrice en vue de commettre une agression sexuelle, est condamné à douze mois d'emprisonnement avec sursis. Le pouvoir lui est aussi monté à la tête.

Quand Sciences Po veut racheter sa réputation

Après l'affaire Duhamel, l'école doit laver sa réputation. Et elle va laver plus blanc que blanc. Le politologue Pascal Perrineau, bien connu des médias, coche toutes les cases pour remplacer le constitutionnaliste à la tête de la fondation. Spécialiste de la sociologie électorale, c'est un chercheur réputé, ancien directeur du non moins réputé Cevipof (centre de recherches politiques de Sciences Po). Il enseigne toujours et ses cours sont appréciés. Il peut donc porter haut les couleurs de l'école. Mais Pascal Perrineau est un homme, blanc, de 70 ans. Après l'affaire Duhamel, qui a déclenché chez les étudiants une campagne de lutte contre les violences sexuelles et sexistes, sa candidature est implicitement exclue. D'autant que sa ligne politique est jugée trop à droite dans une institution que l'on souhaite garder à gauche. Sciences Po a besoin d'une femme. La grande favorite s'appelle Nonna Mayer, 73 ans, chercheuse au centre d'études européennes et de politique comparée de Sciences Po et spécialiste de l'extrême droite. Ce n'est pas une femme de réseau, mais en cette période difficile, elle semble faire l'affaire. Les choses se grippent lorsque l'Observatoire du décolonialisme, un collectif d'universitaires qui scrute les dérives dans le monde académique, vient pointer ses travaux sur l'islamophobie et les « concepts de genre et de race en sociologie ». À l'époque, la polémique sur l'« islamo-gauchisme » à l'université fait rage dans le débat public. Le conseil d'administration de la FNSP est refroidi. Après l'affaire Duhamel, il veut s'éviter une nouvelle déconvenue. Début avril, le choix se porte sur Laurence Bertrand Dorléac, 64 ans, historienne de l'art, professeure à Sciences Po et déjà membre de ce conseil. Début avril, elle est désignée à l'unanimité, « comme dans une élection en Biélorussie », décrit un professeur. Elle est la première femme à s'installer dans le fauteuil jadis occupé par l'historien René Rémond, l'économiste Jean-Claude Casanova et le politologue Olivier Duhamel.

Vient ensuite la nomination du nouveau directeur. Cette fois, les candidats sont moins nombreux qu'au moment de la succession de Descoings, et de moindre qualité. L'histoire se répète, l'effet de surprise en moins. À l'issue de rebondissements dont la presse se régale à nouveau, c'est un nouvel énarque, que personne n'a vu venir, issu du privé et sans expérience de l'enseignement supérieur, qui l'emporte. Pour ne rien gâcher, Mathias Vicherat, 43 ans, est un copain de promo du Président Macron, la très connue promotion Senghor de l'Ena, par laquelle sont aussi passés le socialiste Boris Vallaud, Gaspard Gantzer, ex-conseiller presse du Président Hollande ou encore Sibyle Veil, la patronne de Radio France. La rumeur de « parachutage » par l'Élysée se diffuse aussitôt. En revanche, Mathias Vicherat n'est pas passé par le Conseil d'État. La haute juridiction administrative a trop fait parler d'elle au cours des précédentes crises de succession. À sa sortie de l'Ena, Mathias Vicherat a choisi la préfectorale. On sait de lui qu'il est né aux Lilas, en Seine-Saint-Denis, et que lorsqu'il était étudiant Rue Saint-Guillaume, il a créé une section de l'association altermondialiste Attac et milité à l'Unef, ce syndicat étudiant proche du Parti socialiste. Comme il se doit, c'est un homme de gauche. Il est passé par le cabinet de Bertrand Delanoë à la mairie de Paris. On sait aussi de lui qu'il a publié un essai sur le rap français et qu'il a eu une fille avec la journaliste Marie Drucker.

Son projet pour Sciences Po, en revanche, n'est pas des plus percutants. Il a notamment défendu « l'inclusion et la promotion des chances ». En novembre 2021, dix mois après le séisme de l'affaire Duhamel, cet homme aux allures de parfait « bobo » pousse, avec ses boucles auburn et son bouc soigné, la porte de la maison. « Nous voilà dans l'ère Sciences Po de yaourt ! », se moque un professeur de droit, en référence à Danone, groupe par lequel est passé Mathias Vicherat avant de rejoindre l'école. L'épisode se clôt sur ces notes de soap opera. « Descoings a rendu la direction de Sciences Po désirable. En 1996, s'il y avait eu un appel à candidatures, on aurait eu trois énarques, estime une figure de la maison. Après lui, les gens sont venus rechercher des positions, une mise en lumière. Elle n'aurait jamais attiré des types comme Vicherat ». Le nouveau directeur ne tiendra pas longtemps. Il tombera au bout d'un peu plus de deux ans, victime lui aussi de la « malédiction », ou du « système » Sciences Po.

« L'école a besoin d'apaisement », n'ont cessé de répéter les nouveaux arrivés à sa tête. Par-delà les crises de gouvernance, l'institution a poursuivi, imperturbablement, la politique lancée par Descoings. En vingt ans, l'ouverture sociale et internationale a profondément modifié le profil des étudiants et l'image de l'école.

2.

Cette « fabrique des élites » qui met à mal la méritocratie

Les temps ont changé à Sciences Po. Pour le voir, il suffit de s'arrêter en « Péniche », le hall du 27, rue Saint-Guillaume où prend place, en son centre, le mythique grand banc en bois, et d'observer ce lieu de passage et de vie associative étudiante. Ce 14 février 2025, alors que s'affiche le traditionnel décompte des féminicides recensés en France depuis le début de l'année, des étudiants mènent une campagne de sensibilisation sur l'empreinte carbone laissée par les banques. BNP Paribas et Société Générale sont dans le viseur, chiffres de leurs investissements dans les énergies fossiles à l'appui. Un militantisme qui contraste, en ce jour de Saint-Valentin, avec tous les étudiants qui, des roses entre les mains, traversent gentiment le hall, où flottent des ballons rouges en forme de cœur. À la sortie de l'amphi Boutmy ou dans le jardin arboré, qui relie l'entrée de la rue Saint-Guillaume à celle de la rue des Saints-Pères, le français est une langue parlée parmi d'autres, et l'anglais bien souvent celle avec laquelle on communique. Les élèves se retrouvent toujours, comme par le passé, au Basile, brasserie de la Rue Saint-Guillaume qui propose, pour ceux qui ne fréquentent pas le resto U, une formule étudiante avec hamburger et soda à 12,90 euros. Ici, au cœur de Saint-Germain-des-Prés, dans un décor cosy aux tons orangés, étudiants français et étrangers préparent leurs cours ou discutent autour de grenadines, thés et chocolats chauds, devant une vieille affiche de Bob Dylan.

Treize ans après la fin du règne de Richard Descoings, Sciences Po n'est plus ni tout à fait la même, ni tout à fait une autre. Plus internationale, plus grosse, moins parisienne, plus féminine. En 20 ans, le visage de l'école a profondément changé. De 4 000 dans les années 1990, ses effectifs étudiants sont passés à 12 000 en 2014, puis 15 000 à ce jour. Les jeunes filles sont devenues majoritaires, à plus de deux tiers. Les étudiants étrangers, eux, constituent presque la moitié des troupes. Ils rejoignent l'école en masse en master (le niveau bac +4 et 5), où ils représentent près de 70 % des inscrits dans ce cycle qui se déroule à Paris. Mais dès le bachelor, le programme de trois ans qui commence après le bac, ils sont déjà un peu plus d'un tiers. Comme leurs petits camarades français, les étudiants étrangers effectuent ces années de « collège universitaire » essentiellement sur les six campus de région. Ouvertes dans les années 2000 pour augmenter la taille des promotions et désengorger le site parisien, ces antennes affichent une spécialisation géographique. À Poitiers, on se concentre sur l'Amérique latine, à Menton sur le Moyen-Orient, au Havre sur l'Asie, tandis que Dijon s'intéresse à l'Europe centrale et orientale, Nancy à la dimension franco-allemande et Reims à l'Amérique du Nord et l'Afrique. Ces campus régionaux se sont installés dans des lieux de choix, au fort cachet historique, où le hall parisien et sa Péniche ont été soigneusement reproduits. Le campus de Reims, à proximité de la Cathédrale, a investi l'ancien Collèges des Jésuites, un bâtiment du XVIIe siècle, dont la majestueuse bibliothèque a accueilli une scène du film *La Reine Margot*. Ce 6 février 2025, des étudiants de l'association sportive ont réservé le réfectoire pour réaliser leur calendrier. Ils s'installent pour une séance photo sous les yeux du fondateur de la Compagnie de Jésus, Ignace de Loyola, dont la vie est retracée par une série de peintures suspendues. En Péniche, derrière les vitraux d'époque, des affiches dénoncent le génocide à Gaza, aux mots de « Silence, on tue », ou appellent à des journées d'action contre « l'empire Bolloré ». Sur le campus de Reims, le plus important avec 1 600 étudiants, le cursus est anglophone pour ceux qui choisissent la « mineure » Amérique du Nord.

Cette internationalisation, dont Sciences Po se rengorge, soulève bien des questions. « À Reims, on peut avoir des profs français qui font cours en anglais à des étudiants français et anglophones. C'est totalement artificiel ! » estime un enseignant. « Comment donner un cours sur la vie politique française à des élèves qui n'y connaissent strictement rien ? On ne peut plus pratiquer l'art du sous-entendu ! regrette un professeur réputé, qui enseigne toujours plus en anglais. Il faut arrêter avec ces éléments de langage simplistes du type : “C'est génial l'internationalisation !” En réalité, Sciences Po traverse une crise de diversification. Il faudrait mettre les étudiants étrangers à l'heure française, leur apprendre à aimer le débat d'idées et notre langue », ajoute-t-il. L'expression écrite, dont les professeurs constatent qu'elle est moins maîtrisée que par le passé chez les élèves français, est particulièrement problématique chez les internationaux. À cela s'ajoute, depuis 2021, le recrutement sur dossier de tous les candidats, qui a brouillé les cartes. « Le public est devenu extrêmement hétérogène. On a toujours des bons, mais on reçoit de plus en plus de mauvais », lâche un professeur de droit.

La longue fuite en avant de l'ouverture sociale

En parallèle de la forte proportion d'étrangers, Sciences Po affiche aujourd'hui un taux d'étudiants boursiers qui avoisine les 30 %. Le résultat d'une politique d'ouverture sociale menée sans discontinuer depuis 2001, avec le lancement, en fanfare, des « conventions Zep » (zones d'éducation prioritaires). Au fil des années, l'école a progressivement abandonné toutes ses procédures de sélection écrites, ainsi que son historique grand oral. Jugées « socialement discriminantes », ces épreuves ont été mises au placard. L'école s'est lancée dans une grande chasse aux « biais sociaux » et affiche l'ambition de laisser toute sa place à la « personnalité » des candidats. Les graines semées par Richard Descoings ont porté leurs fruits. Pour la bourgeoisie parisienne, qui reste son cœur de cible, Sciences Po ne mérite plus son surnom de « fabrique des élites », mais plutôt celui de « temple du wokisme ». Du côté des adeptes de Bourdieu, elle reste un grand symbole de la reproduction sociale. Elle continue d'accueillir en masse des élèves venus des catégories supérieures, appelés à occuper d'importantes places dans la fonction publique, les médias, la politique et le monde des affaires. Et si elle recrute désormais les bacheliers sur dossier, elle affiche toujours un fort taux de sélection.

Depuis 2001, elle est la grande championne de la « discrimination positive ». Cette année-là, Richard Descoings crée un petit séisme en lançant les « conventions Zep ». Des partenariats noués avec des lycées de banlieues défavorisées, qui permettent à des élèves de milieux modestes de pousser les portes de l'école au compte-goutte, sans passer le concours. Repérés par leurs professeurs, ils sont évalués sur leurs résultats et sur un dossier de presse réalisé pendant l'année de terminale, avant de passer un oral. Sciences Po est la première grande école française, et la seule à ce jour, à « toucher » à son concours. À l'époque, Rue Saint-Guillaume, les étudiants sont vent debout. Leurs syndicats, de droite comme de gauche, sont les premiers à conspuer l'initiative, au motif qu'elle va « dévaloriser » leur diplôme. L'opération, qui commence avec sept lycées et une vingtaine d'élèves, fait couler beaucoup d'encre, mais finit par s'imposer. Dans les années qui suivent, les médias étalent les portraits de ces promotions métissées, faites de lycéens venus de cités de Seine-Saint-Denis et de Vénissieux, mais aussi du fin fond de la Moselle. « L'égalité n'existe pas. Notre système éducatif est profondément inégalitaire, et tout le monde s'en fout ! Sauf Sciences Po », explique crânement Richard Descoings dans la presse. Laquelle l'affuble volontiers de sobriquets flatteurs. Il est « l'agitateur de la Rue Saint-Guillaume » ou « Monsieur ascenseur social ». L'homme qui veut laisser son empreinte à Sciences Po a réussi son coup médiatique.

« Cette affaire de Zep correspondait sans doute à une conviction. Il voulait faire de Sciences Po autre chose qu'un truc réservé à vingt types du 7e arrondissement parisien », explique un habitué de la maison, qui a bien connu Descoings : « Il avait aussi dans l'idée de réveiller une école endormie, en ouvrant les fenêtres, comme il l'a fait avec l'internationalisation. Mais il voulait surtout faire un coup politique. Et il a réussi ! » Les émeutes de 2005 dans les banlieues françaises semblent lui donner raison. « Lorsque les chances d'appartenir à une élite professionnelle sont déterminées par l'appartenance à l'élite sociale, alors la société est “bloquée” (…). Et la révolte, qui souvent mène à la révolution, n'est pas loin », écrit-il dans *Sciences Po, de La Courneuve à Shanghai.* Dans cet ouvrage qu'il signe en 2007, les jalons des évolutions futures de l'école sont posés. Descoings tape sur les concours d'entrée des grandes écoles qui « n'instituent d'égalité qu'entre des candidats prédéterminés », et sur leurs épreuves écrites utilisées « avec une remarquable efficacité pour distinguer les meilleurs “taupins” et khâgneux parmi les *happy few* réunis dans les meilleurs lycées ».

En 2011, Sciences Po annonce qu'elle supprimera dès 2013 l'épreuve de culture générale de son concours, ce qui ne manque pas de susciter des critiques dans le camp conservateur. Selon l'école, l'épreuve de culture « G » favoriserait la bourgeoisie, au détriment de ceux qui n'ont pas les codes. À l'époque, l'idée d'un recrutement des futurs étudiants sur dossier est déjà dans les tuyaux. Deux ans avant sa mort, Descoings avait lancé un ballon d'essai. « Manipulateur comme il savait l'être, il organise un déjeuner dans la salle de réception de la Rue Saint-Guillaume, avec des profs, parmi lesquels le grand historien Serge Bernstein, et des personnes du monde de l'entreprise, raconte l'une des convives. On comprend qu'il veut tuer l'épreuve d'histoire. Il nous explique que cette épreuve très académique est un obstacle, que les élèves étrangers et de Zep n'y arriveront pas comme un type d'Ipesup ou du lycée Stanislas. Il tire des bords dans tous les sens, mais rapidement, il s'aperçoit que les profs d'histoire vont résister et qu'il a perdu le match. Il arrête alors brutalement le repas, sans diplomatie aucune ». En juin 2017, l'école franchit une nouvelle étape en réformant son concours d'entrée en master. Les étudiants français venus de l'université n'auront plus à passer d'épreuve écrite pour intégrer l'une des sept écoles au sein desquelles sont proposés ses masters. Au motif qu'il faut « diversifier le vivier des étudiants admis et leur parcours d'origine », la note de synthèse laisse la place à une sélection sur dossier.

Reste qu'en parallèle du bruit médiatique, les résultats de la politique d'ouverture sociale ne sont pas si flagrants. En 2011, une étude de Vincent Tiberj, chercheur au Centre d'études européennes de Sciences Po montre que la composition sociale de l'école est proche de celle des classes prépas : 68 % des inscrits en 2010-2011 viennent de milieux aisés, contre 4,5 % pour les enfants d'ouvriers et 7,5 % pour les enfants d'employés. Quant aux élèves des conventions éducation prioritaire (CEP), ils ne représentent que 10 % des élèves de première année. Mais pour le chercheur, qui fut l'un des artisans de la réforme de 2001 aux côtés de Descoings, l'école est sur la bonne voie. « Sans les étudiants CEP et sans les étudiants étrangers, la reproduction des élites se serait encore accrue à Sciences Po », affirme-t-il. Le devenir de ces élèves recrutés sans concours est par ailleurs satisfaisant, assure l'étude. S'ils connaissent des difficultés en début de parcours à Sciences Po et abandonnent parfois (entre 6 et 12 %), leur insertion professionnelle et leur salaire à l'embauche sont comparables à ceux des autres diplômés. À ceci près qu'ils sont proportionnellement moins nombreux que leurs camarades à intégrer la haute fonction publique. À la perspective hasardeuse et coûteuse de prolonger leurs études et de préparer des concours ultra-sélectifs, comme celui de l'Ena, ils préfèrent une insertion rapide dans le secteur privé. Une différence éloquente qui illustre, au-delà des statistiques et du discours bienveillant de l'école, une réalité moins rose. « Pour ces étudiants, le choc social a été parfois si insoutenable que certains ont explosé en vol », rapporte un professeur.

« Nous, on entrait par le concours. Nous étions regardés comme des Mohicans par nos camarades bourgeois ! Aujourd'hui, ils sont plus nombreux, ils se fondent davantage dans la masse des étudiants étrangers, mais il y a toujours cette idée qu'ils ne sont pas entrés par la bonne porte », estime Pierre Mathiot qui, lorsqu'il avait intégré l'école, il y a 38 ans, était boursier. L'ancien directeur de Sciences Po Lille, où il enseigne toujours, a toujours été opposé à la logique de discrimination positive, en bon adepte de la méritocratie républicaine. Aujourd'hui encore, il se souvient de « l'odeur de la violence symbolique ». « J'étais avec des camarades qui étaient à Sciences Po chez eux, depuis plusieurs générations. Lors de ma première conférence de méthode, j'ai découvert que certains se connaissaient entre eux », raconte celui qui venait d'un petit village près de Montbéliard. Des origines de l'école à aujourd'hui, les témoignages de ce choc social, lors de l'arrivée à Sciences Po, sont mot pour mot les mêmes. L'ouvrage *Le roman vrai*, paru en 2022, rapporte ainsi les propos d'un diplômé de 1934, Claude des Portes, décrivant « cette sensation d'isolement que connaissent bien les jeunes gens venus aux sciences politiques du fond de leur province. On leur fait un accueil correct, aimable même, mais pas cordial, écrit-il. Ils se heurtent à des groupes déjà formés qui ne les reçoivent jamais complètement ».

Près d'un siècle plus tard, Martin*, ancien élève du lycée Saint-Exupéry de Mantes-la-Jolie, l'un des premiers établissements partenaires, a le même discours. « Je me souviendrai toujours du choc de mon premier jour à Sciences Po, en 2019, en amphi Boutmy, raconte-t-il. Huit élèves du lycée Charlemagne parlaient entre eux. Ils se connaissaient déjà. Ils portaient des mocassins et avaient une mallette en cuir. Je n'avais jamais vu ça !

---

* Les prénoms ainsi mentionnés dans l'ouvrage ont été modifiés.

Le différentiel social et scolaire est difficile. Après une période de rodage, on dépasse tout ça. Mais les groupes se mélangent finalement peu », affirme cet étudiant boursier désormais en master politiques publiques. Aujourd'hui, Sciences Po compte 200 lycées partenaires et se targue d'avoir accueilli 2 800 étudiants via les CEP. « Fatalement, on se pose la question : ai-je ma place ? Certains ont le syndrome de l'imposteur, mais en ce qui me concerne, j'avais mes cours et mes engagements à côté, raconte Quentin Coton, admis par cette voie, qui a été le représentant à l'école de l'Uni, syndicat étudiant marqué à droite, de 2021 à 2024. Je me suis entendu dire de personnes issues de milieux ultra-favorisés : "C'est fou, tu viens des CEP et en plus tu es de droite !" Comme si je n'étais pas légitime pour faire de la politique », raconte l'étudiant en master de communication.

Si les étudiants des CEP représentent 10 % des promotions, il apparaît que leur milieu d'origine n'est plus si défavorisé que cela. Car la nature a horreur du vide. Au fil des années, des enfants de médecins, d'enseignants ou de comptables se sont mêlés aux jeunes de milieux populaires. Stratégiquement, leurs familles les ont inscrits dans les lycées partenaires de Sciences Po, estimant que l'admission serait plus facile en l'absence de concours à passer. En 2016, une étude interne de l'école, révélée par le journal *Libération* sème le trouble. Elle montre que 40 % des élèves entrés par la voie dérogatoire viennent désormais des catégories sociales supérieures, contre 36 % en 2010 et 20 % en 2001. Pour Sciences Po, il est temps de passer à la vitesse supérieure.

Haro sur le concours

En juin 2019, le directeur Frédéric Mion fait une annonce qui ne manque pas de créer une petite secousse dans le monde de l'enseignement supérieur : Sciences Po mettra fin à son concours d'entrée dès la session 2021 et recrutera a minima 30 % de boursiers dans chaque promotion. Vingt ans après les conventions Zep, c'est l'acte II de l'ouverture sociale. Exit la fameuse dissertation d'histoire. Exit aussi les épreuves de langue étrangère et d'options à choisir parmi littérature et philo, maths ou sciences éco. Le discours de l'école est limpide et assuré : il faut en finir avec ces écrits inutiles et discriminants. « Aujourd'hui, les épreuves du concours nous confirment ce que disent les dossiers scolaires des candidats. Elles introduisent une complexité inutile et décourageante, explique droit dans ses bottes Frédéric Mion, dans une interview au *Figaro*. En les supprimant, nous allons gagner en équité. Cela nous permettra d'en finir avec le recours aux préparations privées », ajoute-t-il. L'idée ne tombe pas du ciel. Dans la continuité de l'ère Descoings, elle était au cœur de son projet lorsqu'il a brigué un second mandat, en 2018. L'école veut mettre fin au « bachotage » et à ces épreuves accusées de favoriser les catégories socioprofessionnelles privilégiées. Les profils sont trop homogènes, estime-t-elle. Au-delà des seuls critères académiques, il faut « mesurer les capacités d'ouverture d'esprit, d'inventivité, d'engagement, de ténacité » des candidats, défend le directeur qui veut « une diversité des parcours et des origines ».

Les épreuves seront donc remplacées par un examen du « dossier » de l'élève. Il comportera ses notes obtenues au lycée, ses résultats aux épreuves de spécialités du bac, qui est en train de se réformer, mais aussi un « essai » personnel, à l'anglo-saxonne. L'oral, lui, ne ressemblera pas à l'entretien libre avec le jury qui avait cours jusqu'alors, et qui était éliminatoire. Il sera « guidé », pour éviter les « biais » et ne sera plus un « couperet ». Sciences Po fait valoir qu'elle emboîte le pas aux grandes universités internationales, telles Harvard ou la London School of Economics (LSE). D'ailleurs, explique-t-elle, les candidats étrangers sont déjà recrutés sur dossier depuis des années, tout comme les élèves des conventions éducation prioritaire. Pour ces derniers, 15 % des places seront réservées. Les jurys leur donneront des « points bonus ». Le directeur Mion assume parfaitement cette discrimination positive. Ne pas y recourir serait « se priver d'un outil efficace », explique-t-il, car « le meilleur des sprinters n'a aucune chance s'il part avec 100 mètres de retard ». L'année 2019 annonce donc l'enterrement du « concours à la française » et le grand avènement des procédures à l'anglo-saxonne.

Conviction ou opportunisme manifeste ? À l'époque, les considérations de l'école sont très pragmatiques. Il s'agit de simplifier une procédure qui comporte pas moins de quatre voies, entre la procédure principale, la voie réservée aux élèves de l'éducation prioritaire, celle des étudiants étrangers et celle des doubles diplômes. Supprimer l'organisation des épreuves écrites, qui représente un coût important, permettra de faire des économies. Mais surtout, le contexte politique est on ne peut plus favorable. La fin de l'année 2018 a été marquée par l'émergence du mouvement des Gilets jaunes, symbole de la révolte populaire contre l'élite. La France ébahie vit au rythme des manifestations hebdomadaires, marquées par le saccage de l'Arc-de-Triomphe, les assauts sur l'ouest parisien et les portes d'un ministère forcées, dans le 7e arrondissement. Le soulèvement des Gilets jaunes fera la Une de l'actualité de l'année 2019, avant de s'essouffler à l'automne et de s'éteindre avec la crise sanitaire du Covid. Si l'annonce de Sciences Po réactive les querelles entre les défenseurs de la méritocratie et les partisans de la discrimination positive, elle ne crée que peu de remous. Bien au contraire. En avril 2019, pour calmer les esprits, le Président Macron a décrété la suppression de l'École nationale d'administration (Ena), ce haut symbole de l'entre-soi et de la déconnexion des élites. Il faut sélectionner des jeunes « à l'image de la société », « en fonction de leur mérite et pas de leur origine sociale ou familiale », fait valoir le chef de l'État.

Dans cette chasse à la reproduction sociale, les grandes écoles sont pointées du doigt. Polytechnique et Normale Sup, qui rémunèrent leurs étudiants en échange d'un engagement de dix ans au service de l'État, sont dans le collimateur. La première, qui recrute la moitié de ses élèves dans les lycées Louis-le-Grand (Paris 5e), Stanislas (Paris 6e) et Sainte-Geneviève (Versailles), compte 50 fois plus d'enfants de cadres que d'ouvriers, et la Rue d'Ulm vingt fois plus. La part de leurs boursiers s'élève respectivement à 11 % et 20 %. La ministre de l'Enseignement supérieur de l'époque, Frédérique Vidal, les somme, ainsi que l'ensemble des grandes écoles élitistes, de repenser leurs voies d'accès. Sciences Po, seule institution française à avoir usé de la discrimination positive, et qui affiche fièrement ses 26 % de boursiers, fait figure de bon élève. En juin 2019, lorsqu'elle annonce la fin de son concours traditionnel, elle est parfaitement dans l'air du temps. Et en profite pour s'offrir un joli coup de pub. En juillet, la cérémonie officielle de pose de la première pierre au campus Saint-Thomas réunit, aux côtés de Frédéric Mion et d'Olivier Duhamel, la maire socialiste de Paris Anne Hidalgo, la présidente de la région Île-de-France, Valérie Pécresse et Rachida Dati, élue du 7e arrondissement. « Tout ce beau monde se déteste et personne ne trouve rien à redire à la décision de supprimer le concours, se souvient un invité. Sauf Dati, qui arrive en retard et explique en substance à Mion que c'est une belle connerie ».

Le grand divorce avec la bourgeoisie parisienne

Lorsqu'arrive la procédure d'admission 2021, le ciel n'est plus si radieux. Le pilote de la réforme, Frédéric Mion, a quitté le navire, emporté par l'affaire Duhamel. Mathias Vicherat, qui lui a succédé, reprend le flambeau. La suppression des épreuves écrites est « une décision qu'il faut conforter », affirme-t-il, car « la fracture sociale est moins forte au moment de l'oral d'admission ». Il doit cependant faire face à une polémique croissante, née à l'été 2021. Dans la presse, d'excellents candidats issus de lycées d'élite parisiens expliquent qu'ils ont été recalés. De fait, Louis-le-Grand et Henri IV pour le public, Stanislas et « Franklin » pour le privé ont vu le nombre de leurs admis à Sciences Po chuter. « Ne postulez pas ! En venant d'un grand lycée parisien, vous aurez moins de chance d'être admis ». Ce discours ahurissant, Pierre* l'a entendu de la bouche de ses professeurs d'Henri IV. « Ils pensaient aussi qu'académiquement, Sciences Po n'était pas le top. Ils nous conseillaient plutôt d'aller en prépa », ajoute-t-il. « On a finalement été quatre ou cinq à être admis. Et j'ai vu des élèves de meilleur niveau que moi ne pas être pris ». Est-ce parce que Pierre, qui a rejoint Henri IV en première, vient d'un milieu modeste et d'un petit village de région ? « Ce recrutement sur dossier, c'est limite moins égalitaire ! » estime l'étudiant, aujourd'hui en 3e année à Sciences Po.

Dans les lycées d'élite de la capitale, et surtout dans les lycées privés catholiques, s'installe le soupçon d'un recrutement idéologique, avec un « malus à l'élitisme » et au privé. Depuis 2021, le nombre d'admis venus de « Stan », fleuron de l'enseignement catholique parisien, oscille entre zéro et deux. Avant cela, ils étaient une petite dizaine. Alors que les témoignages se répandent dans les médias, le sujet scandalise aussi les cercles bourgeois. Le DRH d'une entreprise du Cac 40 se souvient des mots que l'associé d'un grand cabinet de conseil lui lâche, lors d'un dîner : « Les élèves du privé sont blacklistés ! Tu te rends compte, ils n'ont pris aucun élève de Franklin depuis trois ans ! » « Jusque-là, Sciences Po était culturellement proche de cet établissement jésuite du 16e arrondissement », ajoute ce DRH, lui-même un ancien de l'école. Pour se défendre de l'accusation de « boycott » des lycées privés, l'école va jusqu'à tenir une conférence de presse, en août 2021. Le directeur Mathias Vicherat répétera ensuite qu'« aucune discrimination n'est faite envers les lycées privés ou l'origine géographique » et que, comme par le passé, 35 % des admis viennent du privé. Mais avec la nouvelle procédure d'admission et l'entrée de l'école sur la plateforme d'orientation vers le supérieur Parcoursup, qui lui a donné davantage de visibilité, l'origine géographique des admis est beaucoup plus hétérogène. Ce dont se félicite la direction.

En 2024, les inscrits en première année viennent de 843 lycées différents en France et dans le monde, et seuls 22 % sont issus d'Île-de-France. « Avant, les épreuves écrites amenaient à Sciences Po les élèves des meilleurs lycées de France. Avec le dossier et l'injonction à la discrimination positive, on regarde Henri IV, mais aussi le lycée d'Albi ! », résume un professeur. « Je vois passer des candidats qui aident les réfugiés, qui se battent pour la planète, qui militent pour l'égalité homme-femme. Je ne sais si ces dossiers sont sincères ou insincères, mais le recrutement est assurément marqué à gauche ! », constate pour sa part un professeur qui examine ces dossiers depuis plusieurs années. « Sciences Po a fait le choix d'une sélection à l'anglo-saxonne. Avant, lorsqu'on était admis, on était considérés comme des petits génies. L'art de la dissertation, de l'argumentation… Cela correspondait à l'esprit français, c'était prestigieux », déplore un ancien, passé par le lycée du Parc à Lyon, qui travaille aujourd'hui aux côtés d'un député de la majorité présidentielle. « Je ne sais pas si le Sciences Po d'aujourd'hui m'aurait autant séduit », ajoute-t-il.

L'affaire des lycées privés parisiens a porté un coup à la réputation de l'école, « presque autant que les manifestations propalestiniennes de 2024 », reconnaît un historique de la maison. Car elle est le symbole d'une rupture avec la bourgeoisie, qui a toujours été son cœur de cible. « Sciences Po, c'est l'alliance avec la grande bourgeoisie parisienne qui tolère les enfants de pauvres, résume un professeur de droit. Il faut absolument rétablir cet accord tacite avec elle. Sinon on va devenir l'université Paris I ! » Comme on aime souvent à le rappeler, l'école a été créée en 1872 comme une réponse à la faillite des élites, après la défaite de Sedan et la Commune de Paris. Son fondateur, Émile Boutmy, jeune professeur d'architecture, journaliste et homme de réseaux est un républicain, bourgeois de centre gauche. Lorsqu'il imagine l'« École libre des sciences politiques », c'est pour « refaire une tête de peuple », créer « l'élite qui, de proche en proche, donnera le ton à toute une nation ». « Les classes qui se nomment elles-mêmes les classes élevées ne peuvent conserver leur hégémonie politique qu'en invoquant le droit du plus capable », écrit-il. Boutmy veut un enseignement « pour l'homme politique », comme il en existe « pour le médecin, pour l'avocat, pour l'ingénieur, pour le militaire ».

Par son ADN, Sciences Po est bien l'un des lieux de reproduction de cette « noblesse d'État », décrite par Bourdieu. Ce dont l'accusent encore aujourd'hui ses détracteurs. Dans son livre *L'école de la domination*, paru en 2023, le journaliste à *Mediapart* Mathieu Dejan la dépeint comme une pièce maîtresse du « bloc bourgeois » et évoque « l'insupportable ouverture relative de Sciences Po aux yeux des classes aisées qui en avaient autrefois l'exclusivité ». « Beaucoup de familles bourgeoises parisiennes considéraient que Sciences Po était une forme de prébende pour leurs enfants », estime dans cet ouvrage le directeur Mathias Vicherat. Il constate avec satisfaction que l'école n'est plus « le petit monde d'il y a 20 ou 25 ans, qui avait les mêmes origines sociales, les mêmes origines géographiques ».

« Ma fille n'a pas été prise à Sciences Po et c'est tant mieux ! Elle va préparer le concours du barreau et ne passera pas par ce repaire de gauchistes ! » Propos tenu par une figure des médias, elle-même diplômée de l'école. Amertume ou sincérité ? Beaucoup d'anciens ne se reconnaissent pas dans cette école dont les étudiants ont voté à 55 % pour le leader de la France insoumise Jean-Luc Mélenchon, au premier tour de la présidentielle 2022. Et la bourgeoisie pourrait bien lui rendre la monnaie de sa pièce en se détournant d'elle et en envoyant, comble du chic, ses enfants étudier à London School of Economics, à la Bocconi à Milan, ou McGill à Montréal. Surtout depuis que les frais de scolarité ont bondi Rue Saint-Guillaume pour les catégories sociales élevées. « Cela fait longtemps que la bourgeoisie trouve que Sciences Po, c'est du vent », assène une ancienne qui a intégré l'école après Normale Sup et juge l'enseignement « intellectuellement très convenu ». De quoi mériter son surnom de « Sciences pipeau » ? « On apprend à commenter le monde. Et l'on y passe pour la marque ou pour compléter un cursus », estime un ingénieur, qui explique y avoir suivi un master pour sa « culture générale ».

Le mérite, façon Sciences Po

« Aujourd'hui, nous ne sommes pas en mesure de comparer deux dossiers. Et surtout, on ne sait pas expliquer à certains bons élèves pourquoi ils ont été recalés », reconnaît Jeanne Lazarus, la doyenne du collège universitaire de Sciences Po : « Je ne pense pas que l'on rate les meilleurs des meilleurs, mais nous avons besoin de clarifier les règles en place ». Sciences Po se défend de toute intention et de toute idéologie. Elle évoque la conjonction de plusieurs éléments qui expliqueraient cette opacité tombée sur sa procédure. La réforme du bac, basée sur des notes de contrôle continu « gonflées à l'hélium », pour reprendre les mots d'un membre de jury, mais aussi son entrée, en 2021, sur la plateforme Parcoursup, qui a provoqué un afflux de candidats. Chaque année, ils sont désormais 15 000 à postuler. Mécaniquement, le taux de sélection a grimpé. L'école souligne que parmi les candidats français, elle en retient à peine 10 % et que parmi eux, 93 % ont une mention très bien au bac et 42 % avec félicitations du jury. Voilà qui pose la question de la démocratisation et de la massification de l'enseignement supérieur, à l'heure où la France compte presque 3 millions d'étudiants, contre 1,2 million en 1980 et 300 000 en 1960. Voilà qui pose surtout la question de la surproduction des élites et des choix faits pour les sélectionner.

« Pour avoir été membre de jury, je sais que l'on n'a pas de doute sur les profils que l'on recherche, raconte un professionnel du secteur des ressources humaines qui a enseigné à Sciences Po pendant dix ans. Pour en arriver à la dérive que j'observe aujourd'hui dans le recrutement, il faut l'avoir voulu ! » Pour comprendre, il faut aussi se pencher sur le discours, répandu à l'école et promu par les sociologues, selon lequel la méritocratie est un mythe. L'étude publiée en 2024 par Marco Oberti, chercheur du Liepp (Laboratoire interdisciplinaire d'évaluation des politiques publiques) de Sciences Po, qui revient sur les enjeux de la réforme 2021, en donne un aperçu. Cette réforme correspond à une « redéfinition du mérite », dans « la continuité » des précédentes, explique l'étude intitulée « Mérite et inégalités en tension dans une grande école ». « La notion de "diversité", dont le foyer de diffusion se situe aux États-Unis, participe d'une redéfinition néolibérale du mérite. Sa dimension académique est relativisée au profit de la valorisation des traits identitaires, d'expériences et de compétences sociales mis au service des organisations », écrit le sociologue Marco Oberti. Il évoque un « examen "holistique" des candidatures », qui doit tenir compte d'« une vaste palette de dimensions », du « niveau d'éducation des parents », à la « structure familiale », en passant par le « capital économique », les « investissements extrascolaires » et les « résultats scolaires ». Des résultats qui ne sont donc qu'un critère parmi tant d'autres.

« Dans le cas de Sciences Po, la sélection désormais pratiquée sur la base d'un dossier et d'une épreuve orale incarne aussi une volonté de mettre en avant le parcours et la personnalité des candidat·es », poursuit l'étude qui utilise, comme il se doit, l'écriture inclusive. Elle constate que malgré la réforme de 2021, le recrutement reste « très fermé socialement ». Pourtant, la baisse de la part des admis venus des classes supérieures et moyennes supérieures est substantielle. De 89 % en 2019, elle est tombée à 77 % en 2021, pour se stabiliser ensuite à 80 % les années suivantes. La voie internationale, elle, reste « la plus fermée socialement », constate l'étude, avec 89 % d'admis des classes supérieures et moyennes supérieures. Mais il faut bien des candidats aisés pour s'acquitter des frais de scolarité élevés et abonder la redistribution vers les élèves de milieu modeste.

Au-delà du jargon sociologique, les critères sont pour le moins flous du point de vue des candidats et de leurs examinateurs. « Avant, les excellents bacheliers cartonnaient à l'écrit. Aujourd'hui, je suis bien incapable de faire la différence entre des dossiers qui ne me disent rien des candidats », lâche un habitué des jurys : « Depuis le Covid, l'oral est organisé à distance. On ne voit même plus la sueur sur leurs tempes ! » La procédure accorde, de fait, une place importante aux expériences extrascolaires, ainsi qu'à l'essai, dont on ne sait si les élèves en sont les auteurs. « On ne peut pas tout laisser reposer sur une lettre de motivation rédigée par Ipesup ! » lâche Victor*, aujourd'hui en double diplôme de master avec HEC : « On a besoin d'un bagage quand on arrive à Sciences Po. Quand j'ai préparé le concours, j'avais dû reprendre l'histoire de la IIIe à la Ve République, le programme du lycée sous stéroïdes ! se souvient-il. Il y a un équilibre à trouver pour que les préparationnaires fournissent un effort. Aujourd'hui, les profils sont plus hétérogènes et je ne suis pas certain que tous auraient eu le concours s'ils avaient passé les écrits ».

Dans cette affaire, ce sont généralement les profils issus de milieux modestes qui sont les plus critiques à l'égard d'une procédure qui, selon eux, a perdu de son esprit méritocratique. « On ne veut donc plus prendre des élèves brillants qui savent bachoter ? C'est incompréhensible », lâche Alexandre*, diplômé de Sciences Po en juin 2024, aujourd'hui à Columbia où il prépare le barreau de New York. Il a vu arriver cette « première génération sans concours », et se souvient que parmi eux, beaucoup avaient pu se prévaloir, dans leurs dossiers, de stages prestigieux. « L'un d'eux en avait fait un à la Nasa, à Washington ! Si les dossiers privilégient les expériences extraprofessionnelles, ça va devenir difficile pour de simples lycéens. Je ne sais pas si j'aurais été pris… » Originaire d'une petite ville du Finistère, issu d'un milieu « pas vraiment ouvert sur l'histoire, l'économie et la politique », il raconte avoir dû « beaucoup travailler, dès la classe de première, pour se préparer ». « Le programme du concours était très exigeant en histoire et en géopolitique. Il fallait se mettre à niveau », explique Alexandre qui, en arrivant Rue Saint-Guillaume, a senti le décalage : « Beaucoup d'enfants de patrons ou de hauts fonctionnaires, académiquement très brillants… Avec la suppression du concours, j'ai constaté que les étudiants étaient plus investis dans la vie associative et plus militants aussi ».

Le niveau a-t-il baissé ? Vaste et récurrente question. Il y a toujours d'« excellents élèves », affirment les professeurs, mais le niveau est devenu « beaucoup plus hétérogène ». En bachelor, l'école constate des difficultés en expression écrite, en mathématiques statistiques, mais aussi en langues étrangères – l'anglais pour les Français et le français pour les étrangers. « Peut-être faut-il imaginer des redoublements pour certains », s'interroge la doyenne du collège universitaire Jeanne Lazarus. En master, les choses sont différentes car aux élèves du bachelor, admis de droit, s'ajoutent des étudiants étrangers et français venus de l'université. Le taux de sélection (38 %) est nettement moins élevé qu'à l'entrée du collège universitaire. Mais surtout, avec une trentaine de masters, l'offre est aussi pléthorique qu'inégale. Ce sont les sept écoles de Sciences Po, des affaires publiques au management, en passant par le droit et le journalisme, qui gèrent, telles de petites entreprises, leur offre et proposent une kyrielle de masters. « Droits humains, luxe et art de vivre… Lors de la cérémonie de remise des diplômes, j'ai découvert des diplômes que je ne connaissais pas ! Pendant que certains étudient l'intersectionnalité de la lutte cheguevarienne, d'autres préparent le barreau », ironise Alexandre, diplômé de l'école de droit. « En réalité, il existe deux catégories de masters ».

Ultra-sélectifs, les doubles diplômes avec HEC, l'académie militaire de Saint-Cyr ou encore Columbia sont réputés. Comme le master politiques publiques, qui ouvre la voie de l'ex-Ena et a fait la gloire de Sciences Po. « Mais pourquoi l'école d'"affaires publiques" a-t-elle été nommée ainsi ? Cet anglicisme ne veut rien dire. De mon temps, c'était "service public" ! », bouillonne un haut fonctionnaire, qui enseigne depuis plusieurs années au sein du master politiques publiques : « Le plus prestigieux, mais pas le mieux traité, car nous n'accueillons pas des étudiants étrangers qui payent cher leur scolarité. » Ce professeur s'inquiète du « manque de culture historique » des étudiants, et constate qu'ils n'ont pas toujours les bases suffisantes lorsqu'ils sortent de leurs trois années de bachelor, qui fourmillent d'options. « Les enseignants ne se coordonnent pas suffisamment entre eux. Sciences Po reste une bonne école car elle a de bons élèves, mais pas forcément de bons profs ! »

Pour comprendre la maison, mais aussi l'esprit Sciences Po, un petit détour par la composition de son corps professoral s'impose. Enseignants permanents, vacataires ou affiliés, profs des universités, du CNRS ou payés par la Fondation nationale des sciences politiques (FNSP). Parfaitement abscons pour le néophyte. « Pour comprendre, il faut avoir fait Sciences Po », explique, sans plaisanter, l'un d'eux. Rue Saint-Guillaume, on regroupe tout ce beau monde sous l'appellation, pompeuse et énigmatique, d'« académiques ». À ces derniers, s'ajoutent, les « praticiens » venus du monde professionnel, de la haute fonction publique à la banque d'affaires. Indifféremment, qu'ils soient permanents ou de passage, ils donnent des « conférences de méthode », qui ne sont rien d'autre que des cours en petits groupes. Au total, quelque 4 600 profs interviennent chaque année, parmi lesquels environ 300 seulement de la faculté dite « permanente ». « Si un avion s'écrase, avec à son bord les membres de cette faculté, ça n'affectera pas Sciences Po », lâche cyniquement un pilier de l'institution. Car ce sont les 90 % de vacataires qui font tourner la boutique. Payés de 70 à 90 euros de l'heure… « On ne fait pas ça pour l'argent, explique l'un d'eux, mais pour la gloire ! » La gloire, mais aussi le réseau et les renvois d'ascenseurs. Sous le titre de « maître de conférences », abusivement emprunté à l'université, on trouve pêle-mêle Gaspard Gantzer, qui fut conseiller communication de François Hollande, l'ex-ministre de l'Éducation nationale Najat Vallaud-Belkacem, ou encore l'ancien Premier ministre Bernard Cazeneuve. « La moitié de Paris ! » s'amuse le conseiller d'un politique, qui y enseigne aussi. « Rien n'est supervisé, raconte un chef d'entreprise qui fut vacataire quelques années. Le pitch, c'est qu'on vient raconter ce qu'on veut. C'est donc très variable. Pour certains, ça se résume à : “ma vie, mon œuvre” ». À Sciences Po, comme dans beaucoup de *business schools*, les enseignants sont notés par les étudiants. Une pratique parfaitement admise. « Le problème, c'est plutôt l'administration qui a peur de son ombre et nous demande d'être indulgents », observe un professeur vacataire.

Aujourd'hui, il n'existe plus de grand oral de sortie. Tout juste un oral de rattrapage pour les rares étudiants qui n'ont pas obtenu la moyenne et viennent alors présenter un mini-mémoire qu'ils ont préparé. « Il faut interdire aux athlètes israéliens de participer aux Jeux olympiques ». Voici le sujet qu'un élève a défendu dans ce cadre, en 2024, sur le campus de Menton. « Dans le jury, nous sommes stupéfaits, mais nous l'interrogeons : “Pourquoi Israël ? Il y a d'autres pays en guerre…” », raconte le même professeur : « Mais il repart sur le génocide ». Le jury s'entend alors pour ne pas lui mettre la moyenne, mais s'interdit de justifier sa note en évoquant le conflit israélo-palestinien. Il ne faut pas faire de vague. « Une fois admis à Sciences Po, l'étudiant est à peu près assuré d'obtenir son diplôme final », écrivait en mai 2024 le romancier et essayiste Gaspard Koenig dans une tribune aux *Échos*. Dans cette charge contre l'institution, le normalien, qui a enseigné cinq ans à l'école, estime que l'on y apprend « l'art de l'imitation » et que « le drame des sciencespistes n'est pas d'être insoumis, mais de s'intégrer trop bien à la société qu'ils sont avides de diriger. »

Sur le campus de Reims, en ce mois de février, les étudiants pensent à leur destination future pour leur 3e année à l'étranger, devenue la règle depuis les années 2000. « Une formidable expérience de vie », témoignent souvent les anciens. Sydney, Tokyo, la Californie, Édimbourg… Du haut de leurs 19 ou 20 ans, ces étudiants trouvent que l'on « projette beaucoup de choses sur Sciences Po ». Pedro, Espagnol moustachu aux allures de dandy, lâche : « On nous prend pour des prétentieux, des connards ». « Des connards woke », ajoute une camarade à ses côtés. Sacha, originaire des Ardennes, nuance : « Dès qu'on a une opinion différente, on est catégorisés ».

3.

Le « temple du wokisme » ou l'épreuve de la mauvaise réputation

La scène se passe il y a quelques mois Rue Saint-Guillaume, dans un cours de droit à des élèves de première année. Alors qu'il s'apprête à évoquer Picasso, le professeur, qui se méfie désormais de l'état de leurs connaissances, prend quelques précautions préalables. « Vous savez qui est Picasso ? » leur demande-t-il. Une étudiante lève la main et répond : « Oui, Monsieur, un violeur ». « Elle m'a dit ça naïvement, sans aucune provocation, raconte-t-il. À l'heure où l'on parle de la relation du peintre avec les femmes, c'est la première chose qui lui est venue à l'esprit ». Arrivé à l'école il y a une vingtaine d'années, ce professeur des universités se souvient de l'époque où Sciences Po était encore « un club », « une petite université de tradition libérale », avec « ses beaux esprits », tels les historiens Jean-François Sirinelli, Jean-Noël Jeanneney ou Marc Lazar. « On n'était pas toujours d'accord, mais on allait prendre un café. L'école avait belle allure », se souvient-il, avec une pointe de nostalgie. « Aujourd'hui, les étudiants français du campus de Reims qui font le double diplôme avec Columbia reviennent wokistes, rompus aux *gender* et *postcolonial studies*, à la théorie critique de la race ! », résume-t-il. En 1970, dans son essai *Ni Marx, ni Jésus*, l'écrivain Jean-François Revel prédisait que la prochaine Révolution aurait lieu aux États-Unis, portée par une révolte libertaire des jeunes, le combat pour l'égalité réelle des sexes et des races. Un immense succès de librairie, qui fit alors polémique.

« 3A, et toi, tu vas où ? Écris ton nom ». En ce mois de mars, à l'approche des préparatifs de la 3e année à l'étranger, la « 3A », cette invitation s'affiche dans le hall des associations de la Rue Saint-Guillaume, sur une grande carte du monde où les étudiants peuvent écrire leurs destinations. Les prénoms commencent à noircir la côte est des États-Unis et le continent européen. Dans les années 2000, Richard Descoings rêve de faire de Sciences Po une université internationale. Secrètement, il caresse l'espoir d'attirer, un jour, un prix Nobel d'économie. Pour tous les élèves, il imagine une année à l'étranger et entreprend de signer des accords d'échanges. Il envoie son directeur des affaires internationales conclure un à un les partenariats avec des universités prestigieuses. Très vite, les étudiants étrangers affluent et avec eux, de juteux frais de scolarité. Quelque 20 380 euros annuels actuellement pour ceux qui ne viennent pas de l'espace économique européen. Pari gagnant. Les élèves français peuvent partir à l'étranger en s'acquittant des seuls frais de l'école, considérablement moins élevés qu'Outre-Atlantique ou en Asie. À tel point qu'il faut parfois rassurer les candidats chinois à Sciences Po, circonspects à l'égard d'une formation si peu onéreuse à leurs yeux.

Columbia, Berkeley, Sydney, São Paulo, Fudan, Singapour… Aujourd'hui, l'institution affiche près de 480 accords dans le monde. Avec 50 % d'étudiants étrangers, « Sciences Po offre une expérience étudiante exceptionnelle par sa diversité », explique l'école. Avant de préciser que la nationalité américaine, avec 1 100 étudiants (soit 12 % des étrangers) est la plus représentée, devant les Allemands, les Italiens et les Chinois. En retour, si le continent européen reste la grande terre d'accueil des élèves de Sciences Po (650 en échange par an), l'Amérique du Nord arrive juste derrière (450), suivie de l'Asie (200). Mais cette internationalisation voulue par Descoings va bien au-delà des échanges d'étudiants et de professeurs. Les thématiques de recherche de la « faculté permanente » de Sciences Po doivent être « globales ». Pour être dans les standards internationaux et produire des étudiants mondialisés, l'école de sciences humaines et sociales doit se mettre à l'heure américaine. « Le wokisme, c'est la contrepartie de l'internationalisation », poursuit le même professeur de droit. Au sein de la faculté permanente, les sociologues sont les ardents porte-drapeaux de ces « *studies* » sur le genre ou la race, qui prennent le parti d'envisager la recherche sous le prisme des minorités.

De leur côté, les juristes et les économistes y restent majoritairement hermétiques, tandis que les politistes et les historiens y goûtent parfois.

Le wokisme n'existe pas ?

« Tous nos étudiants ne sont pas woke », s'arc-boutent les professeurs de Sciences Po. C'est « l'écume », « une minorité militante et agissante », explique-t-on en substance. En février 2022, alors qu'il a pris la direction de l'école trois mois plus tôt, Mathias Vicherat évoque un « effet de loupe » et dit se méfier d'un « terme fourre-tout ». « L'étude des minorités ou des discriminations existe à Sciences Po et de façon légitime. C'est un fait universitaire. Ces sujets sont étudiés sur les campus britanniques et américains et il est normal qu'une université internationale comme la nôtre fasse de même », explique-t-il, serein, dans une interview au *Point*. En d'autres termes, il n'y a pas péril en la demeure. D'ailleurs, « l'attention portée à ces sujets est un fait générationnel », justifie-t-il. Ce à quoi un professeur vacataire de l'école rétorque, indigné : « Mais Sciences Po ne doit pas être à l'image de la société, elle doit être au-dessus ! »

Chez les étudiants, le débat est polarisé, à l'image de la société. Un large « ventre mou » s'en tient soigneusement éloigné. À l'Union étudiante de Sciences Po, syndicat créé dans le sillage de la France insoumise (LFI) et tête de proue de ces luttes, on dénonce une « hystérie des élites et des médias » autour du mot « wokisme », qui ne serait qu'un terme péjoratif renvoyé à la figure des défenseurs des minorités. À l'autre bout du spectre politique, l'Uni, syndicat de droite, s'applique à débusquer l'empreinte de ce wokisme dans le monde associatif étudiant, dans les cours donnés et chez les professeurs. Avec du grain à moudre. Depuis l'aube des années 2020, les polémiques mettant l'école sur le devant de la scène ne manquent pas. En 2019, une conférence du philosophe Alain Finkielkraut, invité Rue Saint-Guillaume par l'association étudiante souverainiste Critique de la raison européenne, est chahutée par des militants du collectif « Sciences Po en luttes - Institut Clément Méric », du nom de cet étudiant de l'école, militant antifasciste tué en 2013 au cours d'une bagarre avec des skinheads. L'académicien est accusé de « racisme », de « xénophobie », de « sexisme ».

L'année 2021 est émaillée d'une série de polémiques largement relayées par les médias : une affaire de « points bonus » accordés pour l'utilisation de l'écriture inclusive lors d'un partiel de sociologie, une vidéo sur la « blanchité alimentaire », expliquée par une universitaire américaine invitée à l'école de droit, ou encore l'introduction d'un cours de « sociologie de la race » sur le campus de Poitiers. Dans l'école d'Émile Boutmy, symbole du débat intellectuel et du pluralisme, cela fait désordre.

En janvier 2022, les descendants du fondateur, François Leblond, ancien préfet, et son fils Renaud, auteur et éditeur, tous deux passés par Sciences Po, prennent la plume dans *Le Figaro*, à l'occasion des 150 ans de l'école, pour rappeler les ambitions originelles. « Former des esprits libres, ouverts, capables de comprendre le monde et de le transformer (…). Nier le passé, ou même le criminaliser tout entier, "déconstruire l'histoire", le nouveau mantra des wokistes, s'opposer surtout à toute forme de débat en assénant avec agressivité des "vérités" que seuls les "éveillés" sont à même de comprendre… C'est se situer bien loin, et même à l'opposé, du projet initial de l'École libre des Sciences Politiques », écrivent-ils.

Les défenseurs des minorités, eux, répètent à l'envi que « le wokisme n'existe pas », qu'il relève du seul registre de l'extrême droite, tout comme l'« islamo-gauchisme ». Pourtant, ce « wokisme », si péjoratif soit-il, décrit bel et bien l'avènement d'un mouvement en marche : une essentialisation des luttes sociales n'ayant que faire de l'universalisme des Lumières, qui, selon ses détracteurs, n'est rien d'autre qu'un instrument de domination occidentale. Dérivé du verbe « *to wake* » (se réveiller), le terme anglo-américain « woke » désigne initialement le fait d'être conscient des injustices et du système d'oppression qui pèsent sur les minorités. Hérité des années 1960 et de la culture afro-américaine, il s'est répandu aux États-Unis à partir de 2013, avec le mouvement « Black Lives

Matter » (la vie des noirs compte) contre les violences policières. Il appelle à la vigilance et à l'activisme face à la discrimination raciale. Popularisé sur internet, il s'est ensuite étendu à la cause des femmes, de la communauté LGBT, des immigrés et de toute population considérée comme marginalisée. Une nouvelle gauche a épousé les luttes, aux accents moralisateurs, de cette « génération offensée » pour reprendre les mots de l'analyste politique Frédéric Dabi. Aux États-Unis, le premier mandat de Donald Trump, entamé en janvier 2017, a soufflé sur les braises du combat des « éveillés », avant que la présidence démocrate de Joe Biden, de 2021 à janvier 2025, ne lui donne des gages de satisfaction.

En 2018, aux États-Unis, la 90e cérémonie des Oscars est placée sous le signe de l'après-affaire Weinstein et du mouvement #MeToo, qui encourage la prise de parole des femmes sur les agressions sexuelles et le viol. C'est cette même année qu'en France, les médias commencent à utiliser le terme « woke ». Il est passé depuis dans le langage courant. En 2024, l'académie française l'a intégré à la 9e édition de son dictionnaire. Dans le champ de l'enseignement et de la recherche, les « *studies* » américaines ont fait leurs premiers pas en France dans les années 2010. Sciences Po, elle, s'est engouffrée dans la brèche dès 2011, avec le lancement d'une chaire sur le genre, baptisée « Presage » pour « programme de recherche et d'enseignement des savoirs sur le genre ».

Cette même année, alors qu'une polémique fait rage autour de l'introduction dans des manuels de biologie de classe de première de la notion d'« identité sexuelle », les yeux se tournent vers l'école. Dans la presse, Richard Descoings se félicite de l'avant-gardisme de l'institution et renvoie les conservateurs dans leurs buts. « Les réticences viennent d'une conception étroite de notre universalisme, affirme-t-il. Car les débats sur le genre traversent la société française avec la parité en politique ou les débats sur les quotas ».

En 2007, dans son livre *De La Courneuve à Shanghai*, il pointait déjà la timidité de la France à l'égard des sciences humaines et sociales. Formés dans les grandes écoles, les décideurs français « ne perçoivent pas l'intérêt spécifique » de ces « modes de pensée, méthodes et disciplines » comme « la sociologie, l'histoire, la science politique, l'anthropologie », alors que « pour les chercheurs américains et certains européens, le lien entre les politiques publiques et la recherche en sciences sociales va de soi », écrivait-il. Il fallait donc que la fabrique des élites prenne le sujet à bras-le-corps. Aujourd'hui, ses cours de sociologie abordent largement la question du genre dès les premières années. Et le programme « Presage », propose « une certification avancée », permettant aux diplômés de « valoriser de solides connaissances en études de genre dans le monde professionnel », explique-t-elle sur son site.

« Sciences Po est la plus américaine des universités françaises », résume Souleymane Bachir Diagne, philosophe sénégalais diplômé de la Rue d'Ulm, qui enseigne depuis près de 20 ans à Columbia. Depuis plusieurs années déjà, l'université américaine a noué avec l'école de la Rue Saint-Guillaume des accords de doubles diplômes qui vont désormais du bachelor au PhD. Professeur au sein des départements de français et de philosophie, Souleymane Bachir Diagne codirige justement la thèse d'un étudiant de l'école sur l'Afrique dans les relations internationales. « Dans les universités américaines, la "*critical race theory*" est très enracinée dans les départements d'études africaines et afro-américaines, mais aussi dans ceux de philosophie. La France est encore timide là-dessus », explique-t-il. Développée à partir des années 1960 aux États-Unis, la « théorie critique de la race », cœur de la philosophie woke, étudie les relations entre la race, la loi et le pouvoir. Elle est à l'origine de la notion d'« intersectionnalité », qui désigne l'imbrication de multiples instances de domination, telles que la race, le genre et la classe sociale.

Si le professeur comprend cette « idée de racialisation très liée à l'histoire de l'esclavage aux États-Unis », il n'y adhère pas pour autant. « Ce discours nihiliste ne fait pas partie de ma tradition française universaliste », ajoute-t-il. Le wokisme à Colombia ? « Une tarte à la crème. Derrière ce mot, on trouve les programmes

DEI ». « Diversity, Equity and Inclusion », ou l'idée d'être attentif au recrutement des minorités dans les entreprises, l'administration, l'école ou les universités. Une politique à laquelle Donald Trump, de retour à la Maison Blanche en janvier 2025, a immédiatement mis fin dans les administrations et les agences fédérales, au nom du « mérite ». « En France, où l'on reste très attaché à l'universalisme, on est très agacé par le wokisme. À Columbia, on me perçoit d'ailleurs comme très français sur ce plan », poursuit le philosophe, qui s'amuse au passage de la « *french theory* » revenue des États-Unis en boomerang. Derrière ces termes, l'idée de « déconstruction », si chère au wokisme, portée dans les années 1960 par des intellectuels français comme Jacques Derrida, et jusqu'à Michel Foucault ou Gilles Deleuze, et qui, dans les années 1970, a rencontré un fort engouement dans les universités américaines. Cette théorie *made in France* a largement contribué à l'apparition des études culturelles, de genre et postcoloniales.

À Reims, le campus régional de Sciences Po est le plus important en taille, avec 1 600 étudiants. C'est aussi le plus américain. Les trois quarts des élèves de bachelor y suivent le cursus « Amérique du Nord », entièrement en anglais. L'ancienne bibliothèque des jésuites accueille une multitude d'ouvrages venus d'Outre-Atlantique. En première année le cours d'humanités porte sur « la race, l'égalité, la discrimination et l'action positive » aux États-Unis. Sur les onze enseignements à choisir en complément, huit traitent du sujet des minorités. On y trouve une introduction aux *postcolonial studies*, une autre aux théories féministes, des études comparées raciales et ethniques en France et aux États-Unis, un cours sur la race et la technologie, ou encore un enseignement sur l'opéra qui s'intéresse notamment aux effets du mouvement Black Lives Matter sur cette musique.

C'est de ce campus qu'avait émergé, en décembre 2020, une petite polémique venue du compte Instagram du collectif « Being black at Sciences Po ». Ce collectif anti-raciste proposait de créer des modules obligatoires sur « l'intersectionnalité raciale, la théorie critique de la race et la pensée décoloniale », afin de permettre « aux étudiants non racisés de se rendre compte de leur attitude raciste ». « Sur le campus de Reims, beaucoup plus que sur les autres, les étudiants français sont très sensibilisés aux luttes intersectionnelles, en raison de la forte présence d'étudiants américains et canadiens », estime un professeur. Mais l'Américaine Crystal Cordell, qui dirige le campus depuis trois ans, constate quant à elle que l'agitation étudiante vient bel et bien des étudiants français. « Quand les Américains arrivent ici, ils sont dépolitisés. Ils ne sont pas chez eux, ils observent, indique-t-elle. C'est tellement grossier de dire que le wokisme viendrait du campus de Reims, ajoute-t-elle. C'est un sujet qui traverse une société polarisée. Et je peux vous dire qu'à Reims, les étudiants qui font partie du Champagne testing club, une association dédiée à l'œnologie, ne sont pas vraiment woke ! »

En décembre 2021, c'est du campus de Poitiers, spécialisé sur l'Amérique latine, qu'arrive une nouvelle polémique, avec un cours de « sociologie de la race » que les étudiants de 2e année peuvent choisir depuis la rentrée précédente parmi d'autres enseignements. Sous le feu des critiques, Sciences Po l'a depuis retiré de son catalogue. Mais Jeanne Lazarus, directrice du département de sociologie de l'école de 2020 et 2022, le regrette. Cette sociologue, compagne de l'historien spécialiste des minorités Pap Ndiaye, qui fut professeur à Sciences Po avant de devenir brièvement ministre de l'Éducation nationale au début du second quinquennat Macron, est l'actuelle doyenne du collège universitaire. « Oui, je souhaitais ce cours, défend-elle. Le sujet des identités est très présent. Les enseignants doivent justement s'en emparer, pour ne pas laisser dire n'importe quoi. Nous avons beaucoup de cours sur les inégalités sociales. Alors pourquoi pas sur les inégalités de genre et de race ? », interroge-t-elle, avant de décrire, à Sciences Po « une sociologie très classique, très positiviste ».

La meute des sociologues

Pourtant, lorsqu'il est question du wokisme Rue Saint-Guillaume, c'est vers ce département de sociologie, le seul de l'école à utiliser systématiquement l'écriture inclusive sur son site internet, que les yeux se tournent invariablement. « Sciences Po est gangrénée par ce département qui terrorise l'administration », affirme un ancien membre du conseil de direction, qui se souvient d'un Frédéric Mion qui « lavait plus blanc que blanc ». « Sciences Po a massivement recruté des sociologues. Leur meute a pris le pouvoir, et avec elle, le wokisme », lâche un professeur de droit : « Cette idéologie est un peu présente chez les politistes et les historiens, mais pas chez les juristes et les économistes ». Selon un professeur du master finance et stratégie, qui passe son temps entre Paris et Londres, le problème vient des sciences humaines et sociales telles qu'elles existent et sont enseignées en France. « Elles ont une vision très marxiste de la société, en particulier la sociologie. Contrairement aux Anglo-Saxons, nous avons très peu de grands économistes libéraux », observe-t-il. Reste que pour beaucoup d'enseignants, les sociologues et « leur vision en noir et blanc », qui voit s'affronter le Bien et le Mal, ont pris le pouvoir. La faute, selon un ancien candidat à la direction de Sciences Po, à une gouvernance en déshérence, après les multiples crises de succession. « La dichotomie de l'institution, avec d'un côté la fondation de droit privé (FNSP) qui gère la stratégie, et de l'autre l'IEP chargé de l'enseignement et de la recherche, est très astucieuse. Cela fait de Sciences Po une institution magnifique. Le problème, c'est que les gestionnaires de la FNSP ont, au rythme des crises, lâché du lest à la faculté permanente, juge ce candidat éconduit. Et dix ans plus tard, Satan présente la facture : c'est le wokisme qui tient la boutique ».

Pour peser dans la compétition internationale, Richard Descoings avait fait le pari, dans les années 2000, de faire de Sciences Po une grande université internationale. Il fallait pour cela créer de véritables départements, mettre en place un vrai pouvoir académique et recruter des enseignants-chercheurs permanents, qui pourraient être évalués et reconnus selon les critères internationaux. En avril 2012, quelques jours après sa mort, le philosophe et sociologue des sciences Bruno Latour, dans une allocution aux élèves, lançait un message qu'il voulait prophétique. Dans cette course mondiale, Sciences Po devait à tout prix tenir les équilibres, rester une université « anormale », fidèle aux préceptes du fondateur Émile Boutmy, qui avait précisément créé l'école « contre » l'université et voulait des professeurs « praticiens », connectés au monde professionnel. « J'ai assez enseigné sur les campus anglo-américains pour savoir quels mouroirs ils peuvent représenter pour toute idée un peu originale (…), ce que le sacro-saint “pouvoir académique” dissimule d'incompétence, d'absence d'évaluations, d'immobilisme et de simple conformisme mélangé à cette forme particulière d'arbitraire », expliquait Bruno Latour, qui était à l'époque le directeur scientifique de l'école : « L'autonomie universitaire cache souvent le droit pour les universitaires de ne s'intéresser à rien d'autre qu'à eux ». Treize ans plus tard, il semble que l'institution ait embrassé ces travers.

« Nous avons pris les défauts de l'université, en prenant peu de ses qualités, résume un politologue qui enseigne à l'école. Le syndicalisme est devenu tout puissant. Les professeurs du CNRS ont intégré la faculté permanente et se recrutent désormais entre eux. Certains ne comprennent pas la culture de la maison. Ils apprécient d'y travailler, car les conditions sont bien meilleures qu'à Nanterre, mais ils haïssent l'air qu'ils respirent ! Le loup est entré dans la bergerie », conclut-il, avant d'ajouter : « Certains ne sont pas au niveau ». Il se souvient d'un professeur de sociologie qui, lors de la présentation des cours d'amphithéâtre, avait expliqué que la discipline était « de gauche ». Ce mélange des genres, Sciences Po l'a démontré au moment de la polémique sur l'islamo-gauchisme, qui a agité le monde universitaire en février 2021. Après l'assassinat, en octobre 2020, du professeur d'histoire Samuel Paty, décapité aux abords de son collège par un terroriste islamiste, le ministre de l'Éducation nationale Jean-Michel Blanquer avait lancé la charge contre cet

« islamo-gauchisme ». Il dénonçait alors « une matrice intellectuelle venue des universités américaines et des thèses intersectionnelles, qui veulent essentialiser les communautés et les identités » et « une vision du monde qui converge avec les intérêts des islamistes ». Une réalité qui avait selon lui « gangrené une partie non négligeable des sciences sociales françaises », via des individus parfaitement « conscients » et des « idiots utiles ». Dans les mois qui suivent, le sujet devient éruptif.

En février 2021, devant l'Assemblée nationale, la ministre de l'Enseignement supérieur Frédérique Vidal annonce qu'elle va lancer une enquête sur l'islamo-gauchisme dans les facs, pour distinguer ce qui relève de « la recherche » de ce qui a trait au « militantisme et l'opinion ». Indignation dans les universités, mais aussi à Sciences Po, où un communiqué signé des « autorités scientifiques », parmi lesquelles Jeanne Lazarus, qui préside alors le conseil de l'IEP, vient dénoncer « une enquête regrettable ». « La notion de « l'islamo-gauchisme » n'a aucun contenu scientifique et ne débouche que sur des polémiques stériles. Ce vocabulaire politique vise davantage à stigmatiser les porteurs d'idées que l'on ne partage pas, et son utilisation dans un contexte universitaire n'a aucun sens », assènent ces chercheurs, qui assoient ainsi une position officielle de l'école sur le sujet.

Dans un billet publié sur internet, le politologue Pascal Perrineau remet en question leur légitimité et évoque « les plus mauvais souvenirs de ces "sciences officielles" qui, au temps de l'URSS, excommuniaient tel ou tel concept qui n'avait pas l'heur de plaire aux bureaucrates de l'Académie des sciences ». Le professeur en profite pour rappeler que l'« islamo-gauchisme » est une expression forgée au début des années 2000 par un homme de la maison, Pierre-André Taguieff, chercheur au Cevipof. Elle désigne une alliance militante de fait entre des milieux d'extrême gauche se réclamant du marxisme et des mouvances islamistes de diverses orientations. Le sujet continuera d'alimenter l'année 2021, avec l'irruption sur la scène médiatique de l'affaire de l'IEP Grenoble. Un professeur d'allemand, qui enseigne là-bas depuis 25 ans, est accusé sur les réseaux sociaux d'islamophobie par le syndicat étudiant local, avant de voir son nom placardé sur les murs de l'école grenobloise, en mars. Cela faisait suite à des échanges virulents avec une autre enseignante, dans lesquels il refusait de voir le mot « islamophobie » accolé aux termes « antisémitisme » et « racisme ».

Ces tiraillements, les étudiants ont pu les ressentir jusque dans leurs cours. « Après l'assassinat de Samuel Paty, j'ai quand même eu une prof d'histoire qui nous avait expliqué qu'elle avait plus peur du ministre de l'Intérieur Gérald Darmanin que des terroristes ! », raconte Quentin Coton. « En sociologie, il n'y a qu'un seul discours : la méritocratie n'existe pas. Mon histoire personnelle prouve le contraire, mais nous sommes bien obligés de nous conformer à ce postulat pour avoir de bonnes notes », raconte Pierre, en 3e année. Aujourd'hui diplômé de Sciences Po, Alexandre a pu constater le poids et le pouvoir de la sociologie à l'école. Lorsqu'il intègre Sciences Po, le jeune homme est admis dans la formation « scube », un double cursus ultra sélectif, « pire que la prépa », qui permet de mener de front le parcours à Sciences Po et une formation scientifique à l'université Pierre-et-Marie-Curie. Sur les 40 élèves de sa promotion, trois ont ensuite intégré Polytechnique, tandis que deux autres ont rejoint Normale Sup. « On suivait des cours de maths et de physique, tout en se formant aux politiques publiques », explique-t-il. Mais les choses prennent une allure bien différente lorsque Sciences Po charge un sociologue de revoir le cursus, à l'occasion d'un changement de partenaire universitaire. « Au lieu de faire des sciences dures en parallèle des sciences humaines, il a voulu faire de l'interdisciplinarité. C'est donc devenu des pseudo sciences », regrette Alexandre, qui garde un souvenir intact d'un cours de sociologie sur les ponts aux États-Unis. « Le prof nous a expliqué que les ponts étant trop bas, ils rallongeaient les trajets des personnes qui prenaient le bus. Ces personnes étant issues des minorités, il y avait donc une volonté de discriminer. Conclusion : les ponts américains sont racistes ! De l'idéologie absurde », raconte-t-il, encore éberlué.

À Sciences Po, si la coloration politique des cours dépend des enseignants et des disciplines, elle peut surtout varier du tout au tout en fonction du parcours que les étudiants choisissent de se construire. Par le jeu des « majeures », des « mineures » et des « électifs » dans lesquels ils peuvent piocher en bachelor, et surtout par le choix du master, parmi la trentaine proposée, ils peuvent baigner, ou pas, dans l'univers du wokisme. « Les étudiants du master finance et stratégie n'ont qu'un objectif : entrer dans la banque d'affaires. Le master "droits humains" est quant à lui le cursus parfait pour se former au militantisme, résume Victor. Entre les deux, il n'y a rien de commun. Ces gens peuvent d'ailleurs ne jamais se croiser », ajoute l'étudiant en master politiques publiques, qui suit notamment un cours de l'ancien ministre de l'Intérieur Bernard Cazeneuve sur la sécurité et la défense, dans lequel il n'a pas décelé « l'once d'une allusion au genre ».

Lorsqu'ils partent en échange dans les prestigieuses universités américaines, ces étudiants retrouvent-ils comme un goût de Sciences Po Paris ? « C'est incomparable. Berkeley compte 35 000 étudiants ! On se perd dans la masse. On est anonyme, observe Pierre. En début d'année, on a droit, comme à Sciences Po, à une sensibilisation à toutes les discriminations, mais ce n'est pas la même ambiance. On ne peut pas bloquer un campus aussi facilement qu'en France ». Là-bas, le wokisme est « si implanté » qu'il ne fait plus l'objet de débats, expliquent-ils. « Pour Halloween, on nous a mis en garde contre des choix de costumes qui pourraient relever d'une "appropriation culturelle", se souvient Baptiste*, qui était à l'université du Wisconsin, à Milwaukee. On nous a aussi interdit les références à Harry Potter, son auteur étant transphobe ». Pour autant, l'expression des opinions est plus libre. « Pendant la dernière élection américaine, il n'y a eu aucune manif à Columbia, raconte Alexandre. À l'école de droit, les associations des étudiants républicains, des démocrates et des fédéralistes cohabitaient sans conflictualité. Comme je l'avais déjà constaté à Stanford, chacun est libre de penser ce qu'il veut. C'est inimaginable à Sciences Po ». Outre-Atlantique, la laïcité est un concept parfaitement étranger. La liberté d'expression, elle, est quasi-totale. « Dans les universités américaines, les idées extrêmes sont représentées, d'un bout à l'autre du spectre, constate Victor. Des communautés ultralibérales sur le genre cohabitent avec les ultraconservateurs ».

Qu'en pensent les Américains venus étudier Rue Saint-Guillaume ? « À Sciences Po, j'ai trouvé que l'environnement était hostile à ma foi, raconte Scott, diplômé de l'école en 2024. Je me sentais comme le seul chrétien pratiquant et je me suis plus facilement fait des amis musulmans. Dans les universités américaines, c'est très ouvert. On trouve des clubs pour toutes les confessions », ajoute-t-il. À Sciences Po, Scott a aussi observé que les pressions sociales venaient davantage des étudiants que de l'institution. « Il y avait beaucoup d'affiches soutenant des projets de gauche, comme si la droite n'existait pas, ce qui n'est pas le cas aux États-Unis, surtout dans certains États conservateurs ! » explique-t-il. Là-bas, ce sont les universités qui s'occupent de décliner la diversité, en organisant des « week-ends d'intégration sur la thématique de la race ». « Mais depuis l'élection de Trump, tout cela est en train de changer. On dit que la France, c'est les États-Unis avec 20 ans de retard », sourit-il.

Le déchaînement autour des violences sexuelles et sexistes

Les États-Unis ne sont pas la France, où le « wokisme » est une idéologie plus récente et fait l'objet de vives critiques. Les universités sont bousculées par une agitation étudiante qui reprend les thématiques de ces luttes et leurs modes d'action. Mais la « fabrique des élites » n'est pas l'université Paris VIII de Saint-Denis. En 2025, la direction de l'école s'inquiète désormais de la mauvaise réputation qui lui est faite. Sur les réseaux sociaux, elle relève que le nom de l'institution a commencé à être assez systématiquement associé au terme « wokisme », à partir de décembre 2022, à l'occasion d'une énième polémique qui concerne, cette fois, un cours de danse. « Je venais d'arriver à l'école. Je n'ai pas compris ce qui nous tombait dessus », se souvient un membre de l'équipe dirigeante actuelle. À l'époque, *Le Parisien* rapporte que l'administration de Sciences Po a écarté une professeure de danse, accusée par des étudiants de propos sexistes, homophobes et discriminatoires. L'intéressée, 53 ans, elle-même diplômée de Sciences Po, a refusé d'utiliser les termes « followers » et « leaders ». Depuis la rentrée précédente, sur décision de l'administration, ils ont remplacé les cases « homme » ou « femme », à cocher lors de l'inscription dans les divers cours de danse proposés. Après des échanges infructueux avec l'école, la professeure, qui enseigne la danse de salon à Sciences Po depuis huit ans, claque la porte. « Utiliser "leader" et "follower", c'est considérer qu'il y a une notion de soumission entre deux rôles, ce qui n'est pas du tout le cas, explique-t-elle à l'époque dans *Le Figaro*. Moi, je suis une femme, pas une followeuse (…). Ce que j'aime dans la danse, c'est la complémentarité entre deux corps ».

L'affaire fait tant de bruit que Sciences Po publie un communiqué de presse, dans lequel elle dénonce « l'instrumentalisation politique générée par [cette] démission » et rappelle son engagement « contre toutes les formes de discriminations ». Elle précise que « plusieurs étudiants » se sont plaints auprès de l'administration de « propos sexistes, discriminatoires, dégradants et minimisant les violences sexistes et sexuelles, tenus de façon répétée par l'enseignante ». Le directeur Mathias Vicherat fait le déplacement sur le plateau de *CNews* pour s'expliquer. Il défend qu'« il suffit de s'inscrire ou de candidater à Sciences Po pour voir qu'il y a deux catégories seulement, "monsieur", "madame" », mais, ajoute que « les termes "leaders" et "followers" sont de plus en plus utilisés dans le milieu de la danse partout dans le monde ».

Il faut dire que le nouveau patron, arrivé à la tête de l'école en novembre 2021, a placé son mandat sous le signe de la lutte contre les violences sexistes et sexuelles, les « VSS ». Contraint et forcé. Après l'affaire Duhamel, qui a révélé des faits d'inceste commis par une figure emblématique de la maison, les mois précédant son arrivée ont été marqués par la vague #Sciencesporcs, mouvement inspiré de #MeToo, lancé en 2017 après la mise en cause du producteur américain Harvey Weinstein. Elle a fait trembler l'ensemble des Instituts d'études politiques (IEP), de Toulouse à Lille, en passant Saint-Germain-en-Laye ou Grenoble. Sciences Po Paris est d'autant plus secouée que sa direction est vacante, Frédéric Mion ayant démissionné, après l'affaire Duhamel. En janvier 2021, sur le groupe Facebook privé des étudiants de Sciences Po Bordeaux, une jeune fille raconte le viol commis par son petit ami en 2019. S'ensuit un déferlement de témoignages d'étudiantes des IEP qui, sur les réseaux sociaux, dénoncent les violences sexistes et sexuelles et une « culture du viol ». Beaucoup affirment avoir alerté l'administration de leurs IEP respectifs, sans qu'elle ne réagisse.

Au lendemain de son apparition sur twitter, le hashtag #Sciencesporcs compte déjà plus de 22 000 occurrences. Sur Instagram, l'activiste féministe et influenceuse Anna Toumazoff passée par Sciences Po Toulouse, compile les témoignages. La ministre de l'Enseignement supérieur diligente une enquête dans les neuf IEP de régions, ainsi que sur les sept campus de Sciences Po Paris. En juillet, le rapport des inspecteurs est un coup de massue pour le monde des IEP : 89 faits de violences sexistes et sexuelles ont été relevés entre janvier 2019 et juin 2021, parmi lesquels 46 % de viols, et sur les 69 susceptibles de recevoir une qualification pénale, seuls 38 ont fait l'objet d'un signalement au Procureur de la République. Pour les inspecteurs, le recours aux procédures disciplinaires « apparaît très limité au regard de la gravité des faits ».

Lorsqu'il arrive Rue Saint-Guillaume, Mathias Vicherat retrousse les manches de son impeccable costume tendance, pour s'attaquer comme il se doit aux « VSS ». Le directeur de 46 ans, qui se veut proche des préoccupations de la jeune génération, promet d'en faire « une priorité absolue ». Tout signalement déclenchera systématiquement une enquête de la cellule d'enquête interne préalable (CEIP), qui sera présidée par une magistrate. « Une formation aux VSS a été mise en place sur Zoom pour tous les élèves », raconte un étudiant. Las, le 4 décembre 2023, l'école et le tout Paris apprennent, stupéfaits, que Mathias Vicherat et sa compagne ont été placés en garde à vue, à l'issue d'une dispute aux portes du palace parisien le Lutetia. Ils s'accusent mutuellement de violences conjugales.

La « malédiction » a encore frappé la gouvernance de Sciences Po. De manière parfaitement pathétique. « C'est le wokisme qui se mord la queue, l'arroseur arrosé », ricanent alors les mauvais esprits de l'école. L'institution s'embrase. Le jusqu'alors sympathique directeur devient l'homme à abattre. Dès le lendemain, le campus de Paris est bloqué. Sa démission est exigée par les syndicats d'extrême gauche Solidaires, proche du NPA (Nouveau parti anticapitaliste), et l'Union étudiante. Cette dernière, sur le réseau social X s'explique : « Victime, on te croit. Nous ne pouvons avoir un directeur auteur de violence. » Dans le hall de l'école, des affiches représentant la silhouette noire de Mathias Vicherat sur fond orange sont placardées, appelant à son départ. La députée Europe Écologie-Les Verts (EELV) Sandrine Rousseau fait le déplacement à Saint-Germain-des-Prés pour soutenir les étudiants. L'association Garces de Sciences Po, qui se définit sur Instagram comme un « collectif féministe radical intersectionnel » agissant « en mixité choisie sans hommes », monte au front.

La communauté enseignante n'est pas en reste. Le département de sociologie réclame la tête de Vicherat. « C'était une véritable chasse à l'homme. On ne pouvait pas faire entendre un discours de raison, témoigne un professeur de politique. Il ne pouvait que démissionner. Mais l'emballement de l'institution montrait à quel point elle était instable ». Sur le groupe WhatsApp des enseignants vacataires, certains se déchaînent. « Dès la garde à vue, ils piétinaient la présomption d'innocence », rapporte un membre de cette boucle réunissant 250 personnes. Lorsque le tribunal rendra sa décision, un an plus tard, il condamnera Mathias Vicherat, mais aussi son ex-compagne : cinq mois de prison avec sursis pour lui, huit pour elle. La justice fera état d'« une relation particulièrement dysfonctionnelle depuis de nombreux mois ».

Mais fin 2023, l'affaire n'est pas la même. Dans un message adressé à toute l'école, le directeur annonce sa « mise en retrait » provisoire. Il souligne qu'« aucune plainte n'a été déposée » et que « nulle mesure de contrôle judiciaire ou d'éloignement n'a été prise ». Lorsqu'il est de retour fin janvier, c'est fort contrit qu'il explique mesurer « avec gravité que la confiance a pu être entamée, distendue ». « Cette période m'a permis aussi de réfléchir à ce qu'avait traversé Sciences Po et à ce que je pourrais approfondir ou modifier dans ma façon de travailler avec vous », ajoute-t-il, en courbant l'échine. Peine perdue. Les blocages reprennent de plus belle sur les campus de Paris, Reims, Nancy, Poitiers et Le Havre. En mars, alors qu'il vient d'apprendre son renvoi devant le tribunal correctionnel, il démissionne, pour « préserver l'institution ».

Aujourd'hui en année d'échange à Berkeley, Pablo Ladam, 20 ans, se souvient de l'atmosphère qui régnait à l'époque sur le petit campus de Poitiers, comptant 260 étudiants, dont 80 % de filles, et dédié à l'Amérique latine. Des blocus successifs, emmenés par « une minorité agissante » pour demander la démission de Vicherat, une majorité d'étudiants silencieuse, « tétanisée a l'idée d'être rangée dans le camp des "fachos" », une directrice de campus appelant à « laisser passer l'émoi et la colère légitimes » des bloqueurs. Dans *La terreur violette*, un livre paru en mars 2025, l'étudiant affirme avoir été victime d'une campagne de harcèlement et d'ostracisation, dont il accuse le Pôle Violet, une association de lutte contre les violences sexistes et sexuelles, créée en 2022 sur le campus poitevin. Une association qui s'est selon lui « arrogé un pouvoir disproportionné », à l'occasion de l'affaire Vicherat. En juin 2024, il a été exclu pour un mois, sans qu'aucun comportement relevant des violences sexuelles ou sexistes n'ai été établi, affirme-t-il. Il clame son innocence et refuse de voir cette sanction inscrite dans son dossier. Il a saisi le tribunal administratif.

Dans ce livre, Pablo Ladam veut faire entendre sa voix et son témoignage. Celui d'un étudiant pas très bien vu au départ car adhérent au parti Renaissance qui, après un discours satirique lors d'un concours de rhétorique, où il s'était glissé dans la peau d'un antihéros machiste, est accusé d'apologie du viol et mis au ban de la société étudiante. « Je me définis comme féministe », explique le jeune homme né en Normandie, d'une mère brésilienne aide-soignante et d'un père professeur de chimie. Passé par le lycée militaire de Saint-Cyr, puis Henri IV, il raconte son arrivée à Sciences Po, il y a deux ans, où il fut accueilli sur le campus de Poitiers par « une énorme vulve, érigée dans le hall » et une série d'affiches sur les murs, on l'on peut lire « Mon corps, ta gueule ! », « #SciencesPorcs », ou encore « Présomption de culpabilité ». Le campus de Poitiers est selon lui le « meilleur laboratoire » du wokisme, une idéologie qui « revendique le droit de n'être concurrencée par aucune pensée divergente », estime-t-il : « Le combat féministe se trouve absorbé dans cette idéologie englobante et s'engouffre dans l'engrenage de la radicalité. »

Rue Saint-Guillaume, en Péniche, les affiches de retape des Jeunes insoumis, de l'Unef, des étudiants communistes ou du NPA côtoient celles qui appellent à soutenir Amnesty international, les femmes afghanes ou la libération de l'homme politique palestinien Marwan Barghouti. Une petite affiche agrémentée du slogan « Trans Lives Matter », déclinaison de « Black Lives matter », traîne aussi là. En haut du panneau, se déploient sur des feuilles A4, les lettres du mot « féminicides », avec le décompte des morts recensées. Elles font partie du décor. « Le patriarcat tue », peut-on lire. Le hall d'entrée du campus de Reims ressemble moins à la fourmilière parisienne, mais le paysage est le même. Ici, une promotion du « cercle marxiste » ou de l'association « Students for justice in Palestine » (SJP), là une affiche jaune qui explique « aidez la recherche à mesurer les violences sexistes et sexuelles » et appelle à répondre à l'enquête. Au détour d'un couloir, derrière un petit stand, des affiches où l'on peut lire « agresseurs on vous voit » et « la honte change de camp » sont empilées, prêtes à être accrochées.

« Aux États-Unis, les combats sont concentrés sur les origines raciales. En France, ils se focalisent sur les problématiques de genre, les LGBT, la domination masculine », constate Pierre Mathiot, professeur à l'IEP de Lille, qui a observé la bascule en 2016. « Les collègues et les étudiants, surtout les jeunes filles, se sont intéressés de près à ces questions. » Dans l'ouvrage *Une jeunesse engagée*, paru en 2022, le portrait que dressent le politologue Martial Foucault et la sociologue Anne Muxel des élèves de Sciences Po montre que ce sont les étudiantes qui sont le plus tentées par la radicalité. Au premier tour de l'élection présidentielle 2022, plus que les étudiants, elles ont massivement voté pour le candidat de la France insoumise, Jean-Luc Mélenchon (59 % contre 48 %). Plus promptes à manifester, à faire grève ou à participer à un blocage, elles représentent un « potentiel protestataire » plus élevé, explique l'étude. Pour elles, la défense des droits des femmes et la dénonciation des violences sexuelles est la deuxième cause de mobilisation (à 20 %, contre 6 % pour les jeunes hommes), derrière le climat. « En 2024, lorsque sont arrivées les manifestations propalestiniennes à Sciences Po, ce sont ces mêmes jeunes filles, engagées sur les VSS, qui se sont mobilisées pour Gaza », constate Crystal Cordell, la directrice du campus de Reims.

4.

La radicalisation des luttes politiques

Maxime Loth est un jeune homme engagé. Entre Sciences Po et lui, c'est l'histoire d'un amour contrarié, pour ne pas dire déçu. En septembre 2020, c'est avec fougue et enthousiasme que ce brillant bachelier d'Enghien-les-Bains, issu d'un milieu « moyen supérieur », fait sa rentrée à Paris, Rue Saint-Guillaume. « Sciences Po, on nous le vend comme le lieu de l'ouverture intellectuelle. Moi, je rêvais d'y entrer depuis la première. Dans mon lycée, un prof aidait les élèves qui le souhaitaient à se préparer au concours », raconte-t-il. Ce 1er septembre, à la veille de l'ouverture du procès des attentats de 2015 contre le journal *Charlie Hebdo*, l'hebdomadaire satirique a republié en Une les caricatures de Mahomet qui avaient fait scandale quinze ans plus tôt, avec le titre « Tout ça pour ça ». « Nous ne nous coucherons jamais. Nous ne renoncerons jamais », écrit alors le dessinateur Riss, directeur de la publication, dans ce numéro spécial. Sur Instagram, Maxime, républicain et laïc convaincu depuis cet attentat qui a marqué ses douze ans, partage les caricatures dans une story. « Pour moi, c'était normal », se souvient-il. Mais sur le réseau social, une étudiante commente sa publication, expliquant qu'il y a « des racistes et des islamophobes à Sciences Po » et invite la communauté à échanger avec elle en privé. « Depuis ce moment, j'ai la réputation d'être raciste et islamophobe dans tout Sciences Po. Quand on me croise, on me dit : "Ah, c'est toi Maxime !" », explique l'étudiant, qui dit avoir vécu « une vraie ostracisation ».

La laïcité à la française ne serait-elle pas la bienvenue dans les couloirs de la rue Saint-Guillaume ? Voilà plusieurs années que diverses études d'opinion montrent que la jeune génération a une vision plus « ouverte », plus « libérale » de cette laïcité. Selon un sondage de l'institut Kantar, publié en novembre 2023, 43 % des 18-30 ans sont favorables au port de signes religieux ostensibles dans les lycées publics. À Sciences Po, les étudiants désapprouvent à 47 % l'interdiction de ces signes dans les établissements scolaires publics, scellée par la loi de 2004 sur la laïcité à l'école. Ce résultat figure dans la vaste enquête *Une jeunesse engagée*, menée par Anne Muxel et Martial Foucault, dans laquelle ces deux chercheurs du Cevipof, brossent le portrait des étudiants de Sciences Po en 2022, au regard d'une étude comparable menée en 2002. Quel est leur rapport à la religion ? Il y a 20 ans, près de la moitié des élèves se déclaraient catholiques. Ils ne sont désormais plus qu'un quart. Le « basculement » s'est opéré au profit d'un groupe majoritaire « sans appartenance religieuse »

(54 %), constatent les chercheurs. Les élèves musulmans, eux, sont deux fois plus nombreux, mais ne représentent que 4 % de la communauté. Ils se distinguent des autres croyants par une pratique plus régulière de la religion. Quant à la laïcité, elle est perçue « positivement » par 87 % des étudiants français. Un chiffre qui tombe à 79 % chez les internationaux.

Après sa mésaventure de la rentrée 2020 qui lui a collé à la peau, Maxime n'a pas abandonné son combat pour les valeurs laïques. Ce frêle jeune homme brun au teint pâle est déterminé et n'a pas froid aux yeux. À l'automne 2021, il crée à Sciences Po une section du Printemps Républicain. Et peu importe qu'elle ne compte aujourd'hui que quatre militants actifs. Le fait qu'elle existe est déjà un tour de force. Cofondé en 2016 par le politologue et essayiste Laurent Bouvet, ce mouvement revendiqué à gauche entend, selon son manifeste, lutter contre « l'extrême droite comme l'islamisme politique » et défendre une laïcité attaquée et politiquement instrumentalisée. « Les syndicats de gauche ont fait campagne contre nous, comme ils l'ont fait contre Génération Z, le mouvement lié à Éric Zemmour », se souvient Maxime : « Pour eux, nous sommes des islamophobes. » Mais la section locale du Printemps Républicain, tout comme l'antenne de soutien au polémiste d'extrême droite et futur candidat à la présidentielle d'avril 2022, recueillent suffisamment de suffrages étudiants pour exister. En octobre 2021, alors que la campagne des présidentielles s'est déjà invitée dans le pays et à l'école, une AG est organisée « contre l'extrême droite ». « Nous, au Printemps Républicain, on y va. Ils nous ont viré en votant à main levée, raconte Maxime. Ceux qui s'en sont pris à nous sont les mêmes qui ont mené les mobilisations propalestiniennes de 2024 », ajoute-t-il.

Après une 3e année à l'étranger dans le Wisconsin, qui lui permet de prendre l'air, l'étudiant est de retour Rue Saint-Guillaume en septembre 2023, juste avant l'attaque du Hamas. Au cours de la période tourmentée qui s'ensuit à l'école, il n'a de cesse de faire savoir, sur les réseaux sociaux et dans la presse, « l'ostracisation » dont sont victimes les étudiants qui « osent émettre un avis nuancé sur le conflit israélo-palestinien ». « J'ai l'impression qu'il faut passer par les médias ou les politiques pour mettre la pression, car l'école achète la paix sociale », estime le jeune homme. En septembre 2024, sur le réseau social X, où il se présente comme un « militant laïque et universaliste », et où il tweete plus vite que son ombre, Maxime a dénoncé « l'appel à l'Intifada » d'un ancien étudiant de Sciences Po. Ses publications ont alors été diffusées dans les boucles WhatsApp de promotion des élèves. Après avoir reçu des menaces, il a porté plainte. « Il ne faut rien laisser passer, martèle-t-il. Maintenant, je fais des signalements auprès de la section disciplinaire. Et sur mon groupe de promo, je ne mets plus que des smileys. Au début, c'était dur, mais là, j'ai fait le deuil de Sciences Po », poursuit l'étudiant aujourd'hui en master politiques publiques, le plus coté de l'école.

Le futur diplômé, qui affirme en revanche n'avoir « jamais été déçu par les cours », envisage de passer le concours de l'INSP (ex-Ena), ouvrant les portes de la haute fonction publique. En ce premier semestre 2025, il effectue son stage de validation de master à l'Assemblée nationale. Il est assistant parlementaire de la députée Renaissance (le parti d'Emmanuel Macron) Caroline Yadan, élue de la 8e circonscription des Français de l'étranger, qui rassemble plusieurs pays de méditerranée orientale, parmi lesquels Israël. « À Sciences Po, il n'y a pas beaucoup d'étudiants qui s'engagent. Ceux qui le font, c'est de manière radicale », observe-t-il. Son témoignage dit beaucoup de l'atmosphère politique qui règne actuellement à l'école, au sein de la communauté étudiante.

Le vote mélenchoniste à la présidentielle 2022 ou le nouveau départ

Ce n'est un secret pour personne que Sciences Po, établissement de sciences humaines et sociales, est ancré à gauche. De Descoings à Vicherat, en passant par Frédéric Mion, ses directeurs successifs n'ont d'ailleurs jamais caché leur appartenance à ce camp. En janvier 2022, alors que le nouveau patron Mathias Vicherat dévoile sa feuille de route, martèle sa priorité donnée à la lutte contre les violences sexistes et sexuelles et se félicite du recrutement « déparisianisé » de l'école, il explique qu'il n'est pas opposé à la venue à Sciences Po d'Éric Zemmour, patron du parti Reconquête et candidat désormais déclaré à la présidentielle 2022. Le « Parlement des étudiants », association bien connue à l'école pour ses simulations parlementaires et l'organisation de conférences, a commencé à approcher les candidats à la présidentielle pour les inviter à venir présenter leurs projets. « Je suis un homme de gauche, mais je ne serai pas un directeur de gauche », affirme Mathias Vicherat, avant de préciser que si des dates ont déjà été fixées avec certains candidats, Zemmour, « manifestement, ne souhaite pas venir à Sciences Po ». Le polémiste, diplômé 1979 de la filière service public, ne s'y rendra pas.

En avril 2022, lorsque Marine Le Pen et Emmanuel Macron se hissent au second tour de la présidentielle, des étudiants bloquent le campus parisien. Sous des banderoles « non à l'extrême droite », ils dénoncent « un faux choix », tout comme leurs camarades de la Sorbonne et de l'École normale supérieure. Le 20 avril, c'est le Conseil de l'Institut de Sciences Po, l'un des deux organes de direction de l'institution avec le conseil de la FNSP, qui appelle officiellement « à faire battre Marine Le Pen ». Un positionnement inédit dans l'histoire de l'école. Elle emboîte le pas de France Universités, l'instance représentative des facs françaises qui, dès 2017, avait appelé à faire barrage à l'extrême droite. Le « risque » est « plus grand qu'en 2002 et 2017 », et justifie une « sortie du principe de réserve », fait alors valoir Mathias Vicherat, qui défend l'« identité de Sciences Po », son attachement « à l'État de droit, aux principes de la Constitution de 1946 », « au principe de non-discrimination » et « à la promotion du pluralisme des valeurs de la République ».

Au premier tour de cette élection présidentielle, les élèves de la Rue Saint-Guillaume se sont prononcés à 55 % pour Mélenchon, leader de la France insoumise (LFI). Si 71 % ont voté pour des candidats de gauche, « comme en 2002 », « Jean-Luc Mélenchon se taille la part du lion des suffrages », constate l'étude *Une jeunesse engagée*. Le tropisme de gauche reste inchangé, mais les étudiants ont glissé, au fil de la reconfiguration de ce camp – qui va des socialistes aux insoumis, en passant par les communistes et les écologistes – vers la gauche radicale. En cela, ils se différencient de l'ensemble de la jeunesse française : si 51 % des 18-24 ans ont voté pour un candidat de gauche au premier tour, seuls 36 % ont donné leurs voix au leader LFI. « Cette translation en faveur de la France insoumise indique, si ce n'est une radicalisation politique au sein de l'établissement, en tout cas une tentation pour la radicalité portée et revendiquée par cette famille politique au sein de la gauche », constatent les chercheurs du Cevipof. À Sciences Po, cette poussée de l'extrême gauche est particulièrement marquée chez les doctorants, les élèves du bachelor suivant la majeure « humanités politiques », ceux de l'école de recherche, de l'école urbaine ou de l'école de journalisme. La droite radicale, qui progresse dans le pays, ne fait quant à elle que peu d'émules à Sciences Po. Au premier tour, elle a recueilli une très faible proportion de voix, avec 3 % pour Zemmour et 1 % pour Marine Le Pen. Au second tour de la présidentielle, les élèves de l'école se distinguent encore de la jeunesse française par une participation plus élevée (92 % contre 62 % chez les 18-24 ans) et un vote massif pour Emmanuel Macron (83 %, contre 68 %).

Au-delà des suffrages et du secret des urnes, l'affaire n'est pas la même. « À Sciences Po, quand vous êtes macroniste, on vous dit que vous êtes d'extrême droite ! résume Alexandre. Pour la présidentielle 2022, Sciences Po TV et l'association d'éloquence Sciences Polémiques s'étaient mise d'accord pour que Marine Le Pen et Zemmour ne viennent pas. Par contre, on a eu droit à toutes les couleurs de l'extrême gauche, jusqu'à Philippe Poutou ! », se souvient ce diplômé de l'école de droit, qui décrit l'omniprésence de la gauche radicale dans l'espace politique et associatif. « Oui, les étudiants sont politisés. En 2023, il y a eu des mobilisations et des blocages contre la réforme des retraites. C'est pour ça que c'est Sciences Po ! estime de son côté un professeur.

J'enseigne aussi dans une école de commerce où il ne s'est absolument rien passé ». À Sciences Po, les étudiants sont plus politisés que la moyenne, et c'est dans le camp de l'extrême gauche et de la France insoumise, dont les militants sont très actifs sur les réseaux sociaux, que cette politisation est la plus forte. « La protestation s'est banalisée et la radicalité violente peut être une tentation pour se faire entendre », écrivent les auteurs de l'ouvrage *Une jeunesse engagée*. Ils constatent qu'à gauche, les positions radicales ont progressé de façon significative en 20 ans (+13 points). Ils relèvent surtout que, sur fond de crise des partis politiques traditionnels, la jeune génération adopte de nouveaux modes de mobilisation et d'engagements en phase avec une « démocratie directe », avec une forte culture protestataire et de défiance.

En 2002, les étudiants de la Rue Saint-Guillaume se distinguaient des autres jeunes par « un socle de valeurs universalistes et démocratiques ». Aujourd'hui, ils se positionnent sur les grands sujets qui agitent la société, « les droits des minorités, le libéralisme culturel, les questions identitaires, les problématiques relevant du genre, le rapport à l'autorité, et plus récemment le "wokisme" ou la "cancel culture" », énumèrent les chercheurs. Dans un contexte où la jeunesse perçoit le combat politique sous le prisme de causes, le militantisme associatif et alternatif prend toute sa place à Sciences Po. Aujourd'hui, 44 % des élèves sont engagés dans une association, contre

25 % en 2002. Quels sont leurs combats ? Le secteur de l'humanitaire et du caritatif, qui attire un tiers des militants associatifs de l'école, se détache largement, suivi de la défense l'environnement (16 %), du combat pour les droits des femmes (14 %) et des « LGBTQ+ » (8%). C'est au niveau du bachelor, que l'activisme est le plus développé. Dans les années de master, il est davantage présent dans l'école des affaires internationales et l'école urbaine. « La tentation de la radicalité politique pouvant justifier des actes violents est palpable à Sciences Po et a tendance à se diffuser », constatent Anne Muxel et Martial Foucault. Ils observent que cette culture protestataire est particulièrement perceptible chez les doctorants et les élèves de l'école de la recherche, chez les étudiants étrangers et, surtout, chez les jeunes femmes.

Pour avoir un aperçu des combats qui se jouent à l'école, il suffit de pousser la porte de la Rue Saint-Guillaume, qui donne sur le hall des associations, en Péniche, et de s'arrêter un instant devant le panneau d'affichage. Au fil des mois, les messages « le patriarcat tue » de l'association Garces, sont une constante. Comme celles à rejoindre les Jeunes insoumis, qui recensent à Sciences Po une centaine de membres actifs. L'association le « Parlement des étudiants » est aussi régulièrement présente. En janvier 2025, dix ans après les attentats contre *Charlie Hebdo*, c'est justement elle qui invite à une conférence sur le sujet, en amphi Chapsal, en présence de journalistes et dessinateurs de la rédaction du journal. Sur le tableau d'affichage, traîne une petite feuille A4 « Je suis Charlie ». Quelques jours plus tard, des affiches de solidarité à la Palestine ont en bonne partie envahi le panneau. En février, il est recouvert de messages appelant à la « libération des otages palestiniens », comme un écho provocant à la libération des otages israéliens. « *We won't stop until they are all back* » (nous ne nous arrêterons pas tant qu'ils ne seront pas tous de retour), peut-on lire sur ces affiches placardées par le Comité Palestine. « Je les ai arrachées plusieurs fois », lâche un militant, qui n'est pas vraiment du même bord. En octobre 2024, il avait collé des affiches pour appeler à un hommage à Dominique Bernard, le professeur assassiné un an plus tôt, à Arras, par un terroriste islamiste. Pendant l'année 2024, des portraits d'otages israéliens ont été régulièrement recouverts.

À coup d'affichages, les militants se livrent une guerre ouverte. Mais c'est dans la plus grande indifférence que les élèves traversent ce décor pour rejoindre l'amphi Boutmy, juste derrière, et d'autres salles dans les étages, ou pour vaquer à leurs occupations dans le jardin. En ce mois de mars, les événements annoncés sur le site de Sciences Po donnent aussi le ton de la vie étudiante : une invitation à la projection du film *Portrait de la jeune fille en feu*, lauréat de la Queer Palm à Cannes, au cinéma le Champollion, par l'association cinéphile de l'école Close Up, les sélections pour le concours d'éloquence, une conférence avec un député centriste, une discussion sur la ruralité avec une député PS, la venue d'une ex-ambassadrice de France en Syrie, ou encore un appel à témoignages d'étudiants ayant vécu des violences politiques, par l'association Students for oral Archive (SOA).

L'école compte aujourd'hui près de 300 associations. Parmi elles, des associations reconnues, mais aussi des « initiatives étudiantes ». Ces dernières sont des projets à durée de vie limitée. Elles peuvent être proposées en début de semestre et validées par l'administration lorsqu'elles recueillent 120 voix. Elles ont alors les mêmes prérogatives que les associations reconnues, en matière d'affichage, de tractage et de mise à disposition de tables dans le hall. Sur les campus de région, les associations ont parfois une couleur locale, liée à la majeure géographique proposée, mais sur le front de la lutte contre les discriminations, le ton général est le même. Sur le campus américain de Reims, on trouve l'association Black Lives Matter Sciences Po ou encore Saga qui milite « pour une prise de conscience sur la sexualité et le genre », et à Poitiers, un collectif « féministe radical en mixité choisie ».

En septembre 2024, se tiennent à Sciences Po les élections des représentants étudiants. Après une année mouvementée, qui a vu déferler les mobilisations pro-palestiniennes, elles sont très attendues. Les étudiants ont-ils validé ce mouvement qui s'est accompagné de blocus et de fortes critiques politiques ? À l'annonce des résultats, Maxime Pontey, président de Nova, le syndicat étudiant maison, revendiqué « apolitique » mais incarnant la ligne macroniste, ne cache pas son désarroi. « Oui, c'est décevant, concède-t-il dans *Le Figaro*. Et je peine à me l'expliquer. J'ai toujours dit que ces mobilisations étaient le fait d'une minorité… Force est de constater que beaucoup d'étudiants peuvent donner cash leur voix à des syndicats radicaux », ajoute-t-il. Nova, syndicat de la modération, qui prône une méthode « participative, constructive et transpartisane », n'a pas convaincu les élèves et essuie un revers. Avec 26,5 % des voix, il perd un siège par rapport à 2022, et en conserve deux. Ces élections enregistrent un taux de participation historique (41 %). Elles sont une grande victoire pour l'extrême gauche. L'Union étudiante et l'Unef, réunies sous la bannière « union syndicale inclusive et solidaire contre l'extrême droite » obtiennent 47 % des suffrages. L'alliance épouse les contours du Nouveau Front populaire (NFP), la coalition des partis de gauche qui a récemment été créée, de LFI au PS, en vue des législatives anticipées de l'été 2024, après la dissolution de l'Assemblée nationale prononcée par le Président Macron. À Sciences Po, cette union syndicale décroche quatre sièges, soit la moitié. À ce bloc, s'ajoute le siège conservé par Solidaires, un syndicat de lutte de classes, qui a été on ne peut plus actif dans les mobilisations propalestiniennes. À l'autre bout du spectre, l'Uni, syndicat de droite qui milite sous le slogan « par l'Éducation, pour la Nation », se maintient, avec un siège.

L'Union étudiante est aux anges. « Cela montre que nos actions sont légitimes et soutenues par les étudiants », se félicite l'une de ses membres, avant de préciser que sa campagne a porté sur Gaza, mais également sur « les violences sexuelles et sexistes, l'intervention de la police sur le campus, l'ouverture sociale de l'école et les frais d'inscription ». Avec l'Union étudiante à la manœuvre, c'est une nouvelle gauche qui s'installe à Sciences Po. Nationalement, ce jeune syndicat a vu le jour en avril 2023, à la faveur d'une énième scission de l'Unef. Cette fois, c'est un coup dur pour la vieille organisation étudiante qui fut, par le passé, une « pouponnière » du PS, avant de perdre son principal débouché dans les années 2010, marquées par la déliquescence du Parti socialiste. Symbole de l'ancien monde, l'Unef, avec son organisation en « tendances » et son « bureau national » contemplant de loin ses « sections locales », a cédé la place à un syndicat qui ne cache pas sa proximité avec la France insoumise et prône une démocratie directe. Comme le parti de Jean-Luc Mélenchon, l'Union étudiante rejette officiellement la verticalité, remet en question les modèles de représentation traditionnels et s'inscrit dans une logique de lutte contre le pouvoir en place.

À Sciences Po, le syndicat proche de LFI bénéficie d'une aura nationale et des moyens qui vont avec. Très organisés, ses militants ont largement investi le champ associatif, en concurrençant les associations en place, grâce aux initiatives étudiantes. Ici, le « décollectif féministe » a fait de l'ombre à l'association Garces, proche de Solidaires. Là, les « jeunes écologistes » ont concurrencé l'antenne locale d'Europe Écologie-Les Verts. « Les jeunes communistes ont aussi eu leur rival, car pour les Insoumis, Fabien Roussel est d'extrême droite ! lâche un syndicaliste étudiant. En 2024, LFI a investi le champ associatif de manière très organisée », ajoute-t-il, décrivant « une stratégie de noyautage assez cynique, qui empêche les autres de s'installer et leur permet de devenir incontournables ». Et du côté de l'administration, on se retrouve à devoir négocier avec des interlocuteurs qui n'ont pas la culture du dialogue social. Ce fut le cas en mai 2024 quand, au pic des mobilisations pro Gaza, l'administrateur provisoire Jean Bassères avait invité le Comité Palestine à la table des discussions. « Nous sommes confrontés à des mouvements liquides, sans porte-paroles, sans revendications réelles, témoigne un habitué des négociations avec les étudiants. Les syndicats pèsent de moins en moins », ajoute-t-il. À Sciences Po, l'engagement syndical est peu élevé (5 % des élèves), mais il se maintient depuis vingt ans.

Être de droite à Sciences Po

En miroir de la progression de LFI, les temps sont durs à Sciences Po pour les étudiants de droite. Ils se sentent un peu seuls. Depuis la fin des années 1990, la sociologie étudiante a nettement évolué, avec une diminution de la part des catégories favorisées, qui pèsent encore aux environs de 70 % des effectifs, un doublement des classes moyennes (20 %) et une progression des milieux ouvriers (5 %). « En 20 ans, l'univers culturel et politique de la droite a pour ainsi dire disparu des bancs et des amphis de Sciences Po », constatent les politologues Anne Muxel et Martial Foucault. « Si vous choisissez d'être militant de droite, il faut accepter d'être socialement très isolé », estime pour sa part Alexandre, récemment diplômé. Sur le campus de Reims, le sujet de l'appartenance politique fait écho chez les étudiants. Au sein d'un petit groupe d'élèves d'une vingtaine d'années, venus d'horizons géographiques et sociaux bien différents, on commence à expliquer qu'il existe « une minorité politisée très à gauche ou très à droite que l'on entend très bien », mais qu'il y a « une tolérance pour toutes les idées, sauf pour l'extrême droite ». L'un d'entre eux glisse alors que « dès que l'on a un propos un peu plus à droite, on est catégorisé "très à droite" ». « C'est vrai qu'on a un peu peur de dire un truc qui pourrait paraître "pas de gauche". Il y a un tabou », enchaîne un étudiant espagnol : « Sciences Po est une université de gauche, mais une gauche champagne, pas vraiment staliniste ! » ajoute-t-il. « C'est fou, même en 1968, les étudiants gaullistes pouvaient s'exprimer ! s'indigne de son côté un professeur qui enseigne à l'école depuis de nombreuses années. Aujourd'hui, les étudiants de droite et les élèves juifs se sentent mal ».

Quentin Coton a été pendant trois ans et demi le représentant de l'Uni à Sciences Po, un syndicat étudiant traditionnellement marqué à droite. C'est par les conventions d'éducation prioritaire (CEP) que le jeune homme venu d'un lycée de Mantes-la-Jolie, dans les Yvelines, a intégré l'école en 2020. « Sans les CEP, je n'aurais pas pu y entrer. J'étais dans la filière technologique STMG. Le concours est uniquement ouvert aux élèves de la voie générale », explique-t-il. Au moment du Covid, il a adhéré à l'Uni lycée. Il est arrivé à Sciences Po « avec des idées ». À l'école, lors de sa première soirée étudiante, il s'aperçoit qu'il est politiquement identifié. « Un étudiant avait écumé mes comptes sur les réseaux sociaux. Ensuite, ils m'ont affiché comme “le type de droite”, sur la boucle WhatsApp de mon groupe de promo », raconte-t-il. Quentin devient président de l'Uni Sciences Po en janvier 2021. « Seules sont légitimes les personnalités de gauche, estime-t-il. Pour nos évènements, dès qu'on invitait des gens du RN, l'administration nous disait : “attention” ».

Début 2022, à l'approche de l'échéance présidentielle, il parvient à inviter, sur le campus de Poitiers où il est étudiant, des représentants de candidats couvrant le spectre politique allant du centre à l'extrême droite, de Macron à Marine Le Pen, en passant par Pécresse, Dupont-Aignan et Jean Lassalle. « Quand le représentant du parti Reconquête d'Éric Zemmour est venu, ça a créé un beau bazar. C'était la première fois que je voyais des policiers dans Sciences Po pour contrôler les accès à la salle. Presque deux tiers des étudiants du campus s'étaient prononcés contre cette venue », se satisfait encore aujourd'hui Quentin. Avec le recul, l'étudiant estime que son parcours à Sciences Po l'a fait glisser « encore plus à droite » qu'il ne l'était en arrivant. « On s'enferme, explique-t-il. Si je caricaturais, je suis arrivé de droite LR et je me situe aujourd'hui dans la droite RN. Il faut dire que, parmi les jeunes LR, beaucoup se rapprochent des macronistes ». Aujourd'hui en master communication, médias et industries créatives, il fait une année de césure à l'Assemblée nationale. Il est collaborateur parlementaire de Laurence Goulet, députée RN de la Meuse.

Dans quelle mesure l'idéologie des étudiants se réclamant de droite lors de leur entrée à l'école est-elle impactée par « un milieu fortement marqué à gauche de l'échiquier politique » ? C'est la question que s'est posée Kalsang Dolma, chargée de mission à l'association des anciens de Sciences Po, qui a réalisé pour elle une enquête de terrain sur le sujet, publiée en janvier 2023. Elle constate d'abord qu'« en opposition directe à nombre d'articles de presse faisant état d'une mort complète de la droite à Sciences Po », cette droite, bien que minoritaire, « résiste à une totale éradication ». Elle est aussi beaucoup plus hétéroclite qu'il y a 20 ans. À Sciences Po, les étudiants la perçoivent comme « plurielle », s'étendant de Macron à Zemmour. À l'aune des entretiens menés avec des étudiants, l'auteure de l'enquête constate que, dans la majorité des cas, ces élèves ont opéré, au cours de leur scolarité, « un renforcement de leur positionnement politique à droite susceptible parfois, bien que rarement, de déboucher sur une radicalisation à l'extrême droite ». Ils embrassent alors un militantisme traditionnel très actif. « Bien sûr, c'est mon entrée à Sciences Po qui m'incitée à m'engager, témoigne ainsi Rose. La grande idée de réintroduire le pluralisme à Sciences Po et de faire accepter la droite m'a motivée ». L'autre voie, c'est « le virage centriste, voire ce qu'on appelle communément une gauchisation », écrit Kalsang Dolma. Dans ce cas, les étudiants évoluent vers le macronisme, voire vers LFI. Reste enfin la « droite silencieuse », faite de ces étudiants qui ont fait le choix de « la dissimulation de leurs convictions politiques pour se fondre dans la masse ».

À l'image de la reconfiguration de la gauche, la droite assiste aussi à un déplacement de son centre de gravité vers son extrémité. Chez Les Républicains, les dernières élections présidentielles et législatives ont laissé des traces. En décembre 2022, un article d'*Émile Magazine*, le journal trimestriel édité par l'association des anciens de l'école, s'intéressait à la section LR de Sciences Po, qu'il décrivait alors comme le « symbole d'une droite en déshérence ». Cette section de la droite classique comptait à l'époque 40 membres, soit deux fois moins que dix ans plus tôt. Après les 4,8 % de la candidate LR, Valérie Pécresse, au premier tour de la présidentielle, elle faisait les frais des tiraillements entre le macronisme et l'extrême droite et enregistrait davantage de départs vers le zemmourisme que vers le centre droit. Dans le sillage de Génération Z, le collectif Reconquête ! Sciences Po, émanation du parti d'Éric Zemmour, s'était d'ailleurs installé début 2022 à l'école, après avoir été élu parmi les initiatives étudiantes. « Notre génération va faire sauter le front républicain de 2002 ! » espérait à l'époque l'un ses militants, estimant qu'avec la nouvelle génération, les frontières entre les différences mouvances de la droite allaient bientôt s'estomper. Mais trois ans plus tard, Reconquête ! Sciences Po a disparu des radars.

La section LR se porte mieux, surtout depuis la rentrée 2024. « Après la forte exposition médiatique liée aux mobilisations propalestiniennes, nous avons eu beaucoup de nouvelles adhésions parmi les étudiants arrivés en première année », affirme Terence Blanc, élève en 3e année et représentant de cette section qui recueille

« tous les étudiants qui ne se reconnaissent pas dans la gauche radicale, du centre à LR ». À Sciences Po, ces jeunes militants de droite mettent un point d'honneur à « ne pas participer au "Sciences po Bashing" ». Ils se tiennent éloignés de l'Uni, qui s'est de leur point de vue trop rapproché de la droite extrême, et regrettent la disparition des jeunes macronistes, avec lesquels ils avaient « une proximité contre la ligne majoritaire de gauche ». L'antenne du parti présidentiel vivote. Comme celle du PS. Et sur le terrain, c'est bien LFI, incarnation du refus des partis traditionnels, qui occupe l'espace et attire les foules.

Ses militants donnent le ton par l'organisation d'évènements, comme cette conférence de Jean-Luc Mélenchon, en avril 2024, qui avait rempli l'amphi Boutmy. Cette même année, l'Uni avait invité Sébastien Chenu, porte-parole du RN, l'essayiste proche de l'extrême droite Laurent Obertone ou encore le sénateur RN Stéphane Ravier, mais dans de petites salles, face à une poignée de militants. « On n'a jamais fait l'amphi Boutmy », regrette de son côté Terence Blanc de la section LR, qui se satisfait cependant de la venue, en mai 2024, de l'eurodéputé François-Xavier Bellamy, qui s'était alors confronté aux bloqueurs. « On a gagné en notoriété interne », se satisfait-il.

Peut-on encore débattre à Sciences Po ?

« À Sciences Po, les partis politiques, c'est seulement l'extrême gauche et un peu LR », estime-t-on au Printemps Républicain. « La gauche est très présente, avec LFI, les jeunes communistes, le PS et les jeunes écolos », constate l'Uni. « Sciences Po est l'une des seules universités où tant de partis sont représentés. On y trouve aussi bien l'extrême droite que le cercle marxiste », fait valoir de son côté l'Union étudiante. Chacun voit midi à sa porte. Reste que les partis classiques sont en perte de vitesse. Si les étudiants de l'école sont davantage politisés que la moyenne et présentent un profil sociologique spécifique, ils n'échappent pas à la tendance à l'œuvre au sein de la jeunesse française, telle que décrite dans l'enquête *Une jeunesse plurielle* réalisée auprès des 18-24 ans par le professeur d'histoire à Sciences Po Marc Lazar et le sociologue Olivier Galland.

Dans cette vaste étude publiée en février 2022, les auteurs distinguent quatre types de jeunesses bien distincts, qui oscillent entre défiance et désengagement. Il y a d'abord les « démocrates protestataires », majoritaires (39 %), davantage intéressés que les autres par les questions sociétales. S'ils rejettent la violence politique et restent attachés au modèle démocratique, ils ne se contentent plus du vote pour peser sur l'avenir de leur pays. À leur opposé, les « désengagés » (26 %) se situent en retrait sur toutes les questions sociétales et politiques. Ils n'indiquent généralement aucune proximité avec un parti et se positionnent peu entre la gauche et la droite. Les « révoltés » (22 %), eux, sont favorables à « un changement radical de la société, de nature révolutionnaire » et sont « prêts à justifier la violence politique pour y parvenir ». Viennent enfin les « intégrés transgressifs » (13 %), qui malgré des signes d'intégration économique et sociale, « semblent gagnés par une culture transgressive en matière de respect des règles en montrant une plus grande tolérance à l'égard des comportements violents et déviants ».

À Sciences Po, où le journal de référence des étudiants reste *Le Monde*, suivi de *Mediapart* et *Libération*, et où la lecture de la presse internationale n'est pas si fréquente que cela, un large ventre mou se tient éloigné de la chose politique. « Il y a une dépolitisation des étudiants, surtout dans les masters, qui comptent une moitié d'étrangers », constate Alexandre. « J'observe chez mes étudiants une peur de l'engagement », rapporte une professeure vacataire, qui enseigne dans le master politiques publiques, un cursus logiquement propice à l'investissement politique. En 2024, cette enseignante les a informellement interrogés sur le sujet. Sur une vingtaine d'élèves, deux étaient engagés à droite, un chez Macron et un autre chez le député François Ruffin, en rupture avec LFI. « Le reste, c'était silence radio, poursuit la professeure. Beaucoup m'ont dit qu'ils s'exprimaient peu sur les réseaux sociaux, par peur d'être agonis. C'est un peu désespérant. »

Cette vision du monde en noir et blanc imposée par le monde virtuel, peu propice au débat intellectuel, les étudiants la retrouvent au sein de leurs groupes de promotion WhatsApp. Dans ces boucles informelles, sur lesquelles l'administration n'a pas la main, on se partage des informations, mais aussi des convictions et des prises de positions. « Les étudiants sont épiés sur les réseaux sociaux. S'ils ont le malheur d'être abonnés à un média ou une personnalité de droite, ou s'ils émettent une opinion divergente de la doxa ambiante, ils sont exclus des groupes ou totalement ostracisés », affirme un élève. « Il y a une telle pression sociale sur ces boucles ! Parfois, j'ai même peur de mettre un like sur un message mesuré », raconte une étudiante. « La nuance n'est plus valorisée intellectuellement. C'est terrifiant pour Sciences Po, réputée pour son goût du débat. Et très décevant aussi, poursuit cette élève de 2e année. Les jugements politiques deviennent des jugements moraux. On finit par ne plus parler avec des personnes qui ont des idées différentes. »

« Il règne aujourd'hui une grande apathie, constate pour sa part un syndicaliste étudiant. Quand je suis arrivé à l'école, en 2019, la rentrée était un grand moment, avec toutes les associations réunies dans le hall pour accueillir les étudiants. En septembre 2024, mon syndicat avait préparé un dispositif énorme. Il n'y a pas eu grand monde ». Effet du Covid et de ses confinements, qui ont durablement impacté les liens de sociabilisation, ou reflet d'une tendance sociétale à l'individualisme ? « Avant, les étudiants rêvaient d'être président du BDE (bureau des élèves) ! » poursuit ce même syndicaliste. Il observe que les élèves ont moins envie de s'impliquer dans l'organisation de soirées étudiantes, « surtout depuis MeToo ». Révolte-toi, la 2e association d'art oratoire, a fermé ses portes. Une professeure vacataire constate que les « dîners de conférence », que les enseignants organisaient traditionnellement avec leurs étudiants en fin de semestre, se tiennent de moins en moins. « On a perdu le goût de la fête et du débat ! » lâche un diplômé 2016, qui observe l'évolution de son école avec une pointe de désespoir. La faute, selon lui, à l'« homogénéisation idéologique » des étudiants qui, emmenés par « une jeunesse gauchisée », n'acceptent plus le débat intellectuel. « La droite modérée n'est plus représentée », regrette-t-il. Il se remémore cette époque pas si lointaine où l'association d'éloquence Sciences Polémiques, plutôt marquée à droite, remettait le prix Philippe Séguin. « Ils l'ont rebaptisé prix Suzanne Bastid, une inconnue ! » lâche-t-il.

Dans son autobiographie *Des hommes qui lisent*, publiée en 2017, l'ancien Premier ministre et actuel patron du parti Horizons Édouard Philippe se souvient du Sciences Po des années 1990, lorsqu'il y était élève « Le plus extraordinaire, c'était l'organisation en chapelles, et la tension qui régnait entre elles », écrit-il. Dans l'école, où il fut adhérent de la section PS avant d'évoluer vers la droite, il décrit « des étudiants passionnés, ambitieux, parfois prêts à tout pour se faire remarquer, qui venaient militer pour rencontrer des ministres, obtenir un job chez tel ou tel parlementaire, en espérant décrocher le moment venu, une investiture ». Diplômé 2015 du master politiques publiques et aujourd'hui directeur général de Renaissance, le parti de la majorité présidentielle, Maxime Cordier fut quant à lui le représentant de la section UMP (devenue LR) à l'école. Il garde le souvenir d'une vie associative « libre », autour des tables tenues en péniche. « Je collais mes affiches, j'organisais mes conférences. Je n'ai jamais rencontré de problème d'aucun ordre », raconte-t-il. Lors de la présidentielle 2012, qui a opposé Nicolas Sarkozy à François Hollande, cet habitué de l'association Sciences Polémiques avait croisé le fer avec un certain Gabriel Attal, étudiant membre de la section du PS, lors d'une simulation électorale organisée par Sciences Po TV. Un débat opiniâtre, mais non dénué de connivence, sur un plateau en plein air, où le jeune Attal s'exprimait avec la même verve et la même assurance qu'on lui connaît aujourd'hui. Les deux diplômés de Sciences Po se sont ensuite retrouvés dans la vie politique, réunis par les idées macronistes, qui leur ont visiblement permis de trouver des points de convergences. Conseiller spécial et plume de Gabriel Attal, Maxime Cordier l'a suivi dans son ascension, du Budget à Matignon, en passant par l'Éducation nationale.

Pour les jeunes militants de Sciences Po, l'école reste bien un lieu de mise en jambe politique. On s'y fait des amitiés. On se crée un réseau. On y rencontre des personnalités publiques. Et l'on y apprend les rouages du combat. Issu d'un milieu social favorisé, passé par l'École alsacienne, un lycée privé sous contrat du 6e arrondissement parisien, Gabriel Attal est diplômé en 2013 de l'école des affaires publiques. Son année à l'étranger, il l'a passée à Rome, à la villa Médicis, comme chargé de mission culturelle. Il a fait ses premiers pas dans un ministère, au sein du cabinet de Marisol Touraine à la Santé, alors qu'il n'était pas encore diplômé. Le plus jeune Premier ministre français est aujourd'hui, à 36 ans, le secrétaire général du parti Renaissance. À Sciences Po, il a croisé Mathilde Panot, actuelle présidente du groupe LFI à l'Assemblée. « Quand je suis aujourd'hui à l'Assemblée nationale et que je ferme les yeux, j'entends une ancienne camarade de promo me hurler dessus. (...) C'est Mathilde Panot. Elle me hurlait dessus en Péniche avec ses tracts de l'Unef. Aujourd'hui, elle me hurle dessus avec ses amendements de la France insoumise », racontait-il en 2022 dans un discours lors du Gala des jeunes alumni. Originaire de la banlieue d'Orléans, fille d'un formateur en agronomie et d'une prof de maths, Mathilde Panot est diplômée du master affaires internationales. À Sciences Po, elle a milité à l'Unef et ATD Quart Monde. À son retour de l'année à l'étranger, passée en Allemagne, elle intègre le bureau du Front de gauche de l'école pour préparer la campagne présidentielle de 2012. C'est en 2015 qu'elle rejoint Jean-Luc Mélenchon, avant de s'imposer comme une voix majeure des Insoumis. En 2024, la députée LFI a largement soutenu les mobilisations propalestiniennes rue Saint-Guillaume, n'hésitant pas à se rendre sur place pour se mêler aux bloqueurs.

Dans les rangs des Insoumis passés par l'école, on trouve aussi Manon Aubry, députée européenne. Elle aussi a milité à l'Unef. « J'ai détesté Sciences Po au début. Il y avait la petite bourgeoisie parisienne, qui n'était pas majoritaire mais très visible, qui prenait toujours la parole, et Gabriel Attal en faisait partie », confiait-elle en 2018 dans *Libération*. Fille d'enseignant et de journaliste, originaire de Fréjus, elle est diplômée du master droits humains. Un cursus dans lequel elle intervient aujourd'hui comme enseignante. De toute évidence, Sciences Po est une bonne filière de recrutement pour la France insoumise. Mais on trouve aussi des anciens dans le camp de l'extrême droite. Née en Seine-Saint-Denis, issue d'une famille de juifs marocains émigrée en France après la guerre des Six jours, Sarah Knafo, 32 ans, est diplômée en affaires publiques. Rue Saint-Guillaume, l'architecte du parti Reconquête et compagne d'Éric Zemmour fut élue de l'Uni et membre de la section LR.

Pour les jeunes militants, Sciences Po est une porte ouverte sur l'arène politique. Beaucoup font leurs armes lors de stages auprès de parlementaires. En 2024, après avoir brillé devant les caméras lors des mobilisations propalestiniennes, le leader du Comité Palestine a été recruté par la député européenne insoumise Rima Hassan dès sa sortie de l'école. Ce tableau pourrait faire oublier, qu'au-delà des bancs de l'assemblée et de l'agitation politique, c'est vers le secteur privé que les deux tiers des diplômés se dirigent.

5.

Quand l'amphi Boutmy devient l'amphi Gaza

Et soudain, le 12 mars 2024, l'amphi Boutmy devient « Gaza ». Il est 8 heures ce matin-là lorsqu'un collectif d'étudiants propalestiniens investit l'amphithéâtre historique qui s'apprête à faire salle comble avec un cours d'histoire pour l'ensemble de la promotion. L'action surprise répond à une « journée européenne des universités contre le génocide à Gaza », lancée par une obscure « coordination universitaire européenne contre la colonisation en Palestine ». Composée de chercheurs, d'enseignants et d'étudiants, cette coordination a publié en janvier, dans *L'Humanité*, une tribune qui a recueilli quelque 1 300 signatures. On y trouve accolés les noms de Paris I, de Sciences Po, de l'EHESS (École des hautes études en sciences sociales), du CNRS, de Dauphine et de bien d'autres universités françaises.

Rue Saint-Guillaume, cinq mois après l'attentat du Hamas en Israël, l'amphi Boutmy est donc rebaptisé « Gaza ». Les militants y proposent une série de conférences sur « la judéité et l'antisionisme », « l'analyse, la qualification et la définition juridique de la Palestine » ou encore « la théorie de la révolution et ses modes d'action ». Les organisateurs sont membres du « Comité Palestine », un collectif informel récemment créé, et non reconnu par Sciences Po. L'administration coupe les micros et la Wifi, mais l'occupation se poursuit jusqu'à midi, avec près de 200 personnes présentes. À la tribune, les étudiants ont revêtu des keffiehs. Certains portent des masques. Un grand drapeau palestinien flotte dans l'amphithéâtre, où résonnent des chants et des slogans de soutien à la Palestine. Rapidement, les images se répandent sur les réseaux sociaux et dans les médias, qui ont accouru sur place. « Gaza, Sciences Po est avec toi », « Palestine vivra, Palestine vaincra », scandent les étudiants galvanisés à l'intérieur de l'école, et dans un rassemblement qui se poursuit dans la rue. Face aux caméras, les militants expliquent leurs revendications : l'école doit « condamner les actions d'Israël » et parler « de ce qui se passe à Gaza et en Palestine ». L'institution est accusée de « complicité ».

« Ne la laissez pas entrer, c'est une sioniste »

Dans la foulée, l'Union des étudiants juifs de France (UEJF) de Sciences Po, qui compte une petite centaine d'étudiants sur sa boucle WhatsApp, fait savoir que l'une de ses membres a été interdite d'accès à l'amphithéâtre. Sur le réseau social X, l'association rapporte les propos qui lui auraient été adressés : « Ne la laissez pas entrer, c'est une sioniste ». La phrase se répand comme une traînée de poudre dans la presse et le monde politique. A-t-elle été prononcée ? Les étudiants du Comité Palestine s'en défendent, affirmant que ces derniers temps, des séquences filmées de leurs mobilisations atterrissent sur les réseaux sociaux et sont ensuite reprises par des médias « comme CNews ». « Il y a une personne, on savait, on a reconnu son visage. Elle nous a filmés à plusieurs reprises de manière ciblée, de manière individuelle. On lui a demandé de ne pas rentrer », justifie le 13 mars Hicham Touili-Idrissi, l'un des leaders du Comité Palestine, sur *France Info*. Il explique que la conférence tenue la veille, dans le cadre de « la journée contre le génocide et le scolasticide à Gaza », était « une démarche humaniste », avant de viser Sciences Po qui « ne s'est toujours pas prononcée » sur le sujet, alors qu'il existe « un risque plausible de génocide ». « Ce sont des choses que l'on apprend, que nos professeurs nous disent », ne manque pas de rappeler l'étudiant en master droits humains à l'école. « Quand ils se sont aperçus qu'il était dangereux pour eux d'assumer cette phrase, ils se sont rétractés. Mais sur les boucles WhatsApp, ils assumaient parfaitement le fait de "créer un environnement safe", donc fermé à une étudiante juive, une sioniste », se souvient Émilie Zerbib, 19 ans, qui préside l'UEJF de Sciences Po depuis septembre 2024. À l'époque, elle était entrée dans l'« amphi Gaza », au moment où le thème « judéité et antisionisme » était traité, pour n'y rester que quinze minutes, tant « l'air était irrespirable ». « Je n'étais pas identifiée UEJF, mais deux autres étudiantes étaient "fichées" car elles collaient des affiches pour l'association. L'une d'elles portait un pendentif avec une étoile. Ils ne les ont pas laissées entrer. Pour eux, nous représentons la défense du gouvernement israélien », ajoute-t-elle.

« Il y a une conviction que la phrase "Ne la laissez pas rentrer, c'est une sioniste" a été prononcée sous une forme ou sous une autre », affirmera deux mois plus tard dans *Le Parisien* l'administrateur provisoire de l'école, Jean Bassères, alors que les conclusions de l'enquête interne, lancée après l'occupation de l'amphithéâtre, sont dévoilées. Si « le ou les auteurs » de la phrase n'ont pas pu être « identifiés », des « propos discriminatoires » ont bien été tenus. Dans les jours qui suivent le 12 mars, l'heure est au malaise à Sciences Po et à l'émoi dans le petit monde des élites parisiennes. Le lendemain, l'affaire fait parler d'elle jusqu'en Conseil des ministres, où le président Macron dénonce des propos « inqualifiables et parfaitement intolérables ». « Oui les établissements universitaires sont autonomes, mais cette autonomie ne justifie en aucun cas le moindre début de séparatisme », affirme la porte-parole du gouvernement. Le Premier ministre Gabriel Attal annonce que l'Exécutif va saisir la Justice.

La direction de Sciences Po, elle, explique dans son communiqué du 12 mars qu'« un membre de la communauté étudiante a été empêché d'accéder à l'amphithéâtre » et parle d'un « propos accusatoire ». Elle n'utilise pas le mot « antisémitisme », ce qui n'échappe à personne. Elle se reprend le lendemain en annonçant qu'elle va saisir le Procureur de la République « pour des faits à caractère antisémite ». Sciences Po s'apprête alors à entrer dans un cycle infernal, et à offrir, durant de longs mois, le visage d'une institution dépassée par les événements. Face à la montée de l'antisémitisme en France, l'exécutif doit afficher la fermeté, tandis qu'à l'approche des élections européennes, le parti de Jean-Luc Mélenchon se tient en embuscade. Les universités américaines, elles, vont donner le *la* de la révolte étudiante pour la cause gazaouie.

Récolter ce qui a été semé

En réalité, les événements du 12 mars Rue Saint-Guillaume ne sont pas les premiers. Près d'un mois après les attaques du Hamas et la réplique israélienne qui a suivi, Sciences Po Menton a commencé à tanguer. Installé au cœur de la vieille ville, à la frontière italienne et aux portes de la principauté de Monaco, le campus méditerranéen accueille les 350 étudiants qui ont choisi la spécialité sur la Méditerranée et le Moyen-Orient. Il compte 65 % d'internationaux intéressés par les enjeux géopolitiques de cette zone, venus du monde arabe, mais aussi des États-Unis, du Royaume-Uni, d'Italie ou d'Espagne. En octobre, une association étudiante baptisée « Sciences Palestine » crée la polémique. Sur les réseaux sociaux, elle défend les « résistants de la bande de Gaza » et explique qu'« il ne s'agit pas d'une guerre entre deux puissances égales, mais d'une lutte entre l'oppresseur et l'opprimé, entre le colonisateur et le colonisé ». La députée Rassemblement national (RN) de la circonscription, Alexandra Masson intervient alors et dénonce des messages qui font « l'apologie du terrorisme ». Les élus locaux agitent la menace de suspension des subventions au campus azuréen. En novembre, alors que le syndicat étudiant Solidaires parle d'une « censure » de la direction mentonnaise et appelle à une « riposte », des étudiants tentent de bloquer le campus.

« C'est à Menton que l'on a relevé les faits les plus problématiques, constate Émilie Zerbib, la présidente de l'UEJF de Sciences Po. Les élèves juifs sont encore moins présents qu'à Paris. Il y a eu des cas d'étudiants qui refusaient de s'asseoir à côté d'eux ou qui ne leur parlaient plus que par des intermédiaires. L'un de mes amis a demandé à rejoindre Paris. Une autre étudiante a choisi de ne pas poursuivre en master. Les étudiants juifs ne veulent plus aller là-bas », affirme-t-elle. Émilie se souvient que les tensions sont devenues palpables dès le week-end du 7 octobre avec, sur les réseaux sociaux, des publications d'associations de l'école appelant à soutenir la Palestine. Le 8 octobre, l'institution apprend la mort d'Omri Ram, un étudiant de l'université Reichman en Israël, qui a suivi un programme d'échange à Sciences Po, sur le campus de Menton. Lors de l'attaque du Hamas, il était au festival de musique électronique organisé près du kibboutz de Réïm, dans le sud du pays. Il fait partie des 364 victimes de la *rave party*. Rue Saint-Guillaume, en Péniche, l'UEJF affiche son portrait. Il est rapidement recouvert par des appels à manifester contre Israël. « J'avais bien en tête cette image de Sciences Po très marquée à gauche, tendance décoloniale, pas très pro-israélienne. Mais j'étais déboussolée par la violence des propos et le manque d'empathie. L'assassinat d'un étudiant lors d'un festival de musique, on se dit que c'est une ligne que l'on ne peut pas franchir », estime Émilie, dont les parents et le petit frère étaient à Jérusalem au moment de l'attentat.

Les tensions n'ont ensuite cessé de croître, au rythme de l'intensification de l'offensive israélienne. À Sciences Po, les étudiants ne parlent plus que du conflit. À plusieurs reprises, l'UEJF rencontre Mathias Vicherat. Mais le directeur semble dépassé et parie sur un apaisement. À partir du mois de décembre, il sera surtout sur la sellette, après sa garde à vue pour violences conjugales. Émilie, elle, se souvient d'avoir pu continuer à échanger avec deux étudiants palestiniens, « dans la bienveillance ». « Il y avait une compréhension réciproque, car cela nous touchait personnellement, raconte-t-elle. Mais on ne parlait plus avec nos camarades habituels, ceux avec qui on discutait jusque-là et qui avaient découvert le conflit deux mois plus tôt ! Il n'y avait plus de débat. Tout était devenu très identitaire ». Fin novembre, devant l'entrée de la Rue Saint-Guillaume, la sécurité s'interpose entre des étudiants propalestiniens et juifs. Les premiers crient « Enfants de Palestine, c'est l'humanité qu'on assassine ». Les seconds répondent « Hamas terroriste », « libérez les otages ». Un affrontement entre deux camps, reflet de la polarisation des débats. Début mars, alors que circulent des tracts demandant à Sciences Po « la cessation de tout partenariat avec des institutions qui soutiennent des idéologies sionistes », l'école choisit d'accueillir dans ses murs la militante propalestinienne Rima Hassan. La jeune femme, née en 1992 dans un camp de réfugiés près d'Alep et juriste de formation, n'est pas encore connue du grand public. Mais elle est déjà controversée. Présente sur la liste LFI pour les élections européennes, elle a estimé que l'attaque du Hamas était « légitime ». Le 5 mars, l'association Students for Justice in Palestine (SJP), créée à Sciences Po un peu avant le 7 octobre, l'invite à participer à une conférence sur Gaza. « Votre révolte est saine et belle », explique-t-elle aux étudiants venus l'écouter.

Dans le sillage des universités américaines

Le 12 mars, les tensions atteignent leur paroxysme. Et l'institution réunit alors toutes les conditions pour accueillir le chaos : des combats politiques envisagés sous le prisme des minorités, une extrême gauche radicale qui sait faire taire les voix nuancées, et une direction vacillante. À l'image des universités américaines de l'Ivy League, qui regroupe huit institutions d'excellence de la côte est des États-Unis, les étudiants de la fabrique française des élites ont embrassé les luttes intersectionnelles, nées du wokisme et concentrées sur la cause des « opprimés ». Comme les étudiants américains, ils ont adopté une posture morale et se sont jetés dans un combat du Bien contre le Mal, sur fond de concurrence victimaire. En 2024, ils vont reproduire leurs slogans et leurs modes d'action.

Aux États-Unis, où remontent les souvenirs des manifestations étudiantes contre la guerre du Vietnam des années 1970, les prestigieuses universités américaines ont donné le ton, au lendemain même des attaques du Hamas. Le 8 octobre, à Harvard, 35 associations étudiantes signent un communiqué dans lequel elles dénoncent le « régime d'apartheid » imposé par Israël aux Palestiniens. « Nous tenons le régime israélien pour entièrement responsable de toutes les violences qui se déroulent », écrivent ces organisations essentiellement liées au monde arabe et à l'islam, mais aussi impliquées dans la défense des droits humains, telles Amnesty International. Les mobilisations gagnent les campus américains et se renforcent, avec l'entrée de l'armée israélienne à Gaza, fin octobre. Des slogans de « soutien à l'Intifada » font leur apparition. Les étudiants portent le keffieh et participent à des veillées pour les « martyrs » palestiniens. L'association Students for Justice in Palestine (SJP), qui compte plus de 250 branches dans les universités américaines et canadiennes, appelle à la mobilisation. Elle utilise le slogan « *From the river to the sea, Palestine will be free* » (de la rivière à la mer, la Palestine sera libre), en référence à un territoire allant de la Méditerranée au Jourdain, impliquant la disparition d'Israël. Aux États-Unis, nombreuses sont les voix, républicaines, mais aussi démocrates, à dénoncer la complaisance des universités à l'égard de ces mobilisations et leur mollesse face aux relents d'antisémitisme. Anciens et patrons montent au créneau. Le milliardaire de la finance et soutien de Donald Trump Bill Ackman, diplômé d'Harvard et généreux donateur, annonce qu'il va retirer ses financements et appelle en décembre, sur le réseau social X, à la démission « dans la honte » des présidentes de Harvard, de l'université de Pennsylvanie et du MIT (Massachusetts Institute of Technology).

Il faut dire que le 5 décembre, leur audition houleuse devant la commission de l'éducation et du travail de la Chambre des représentants, à Washington, a fait grand bruit. « Appeler au génocide des Juifs constitue-t-il une forme de harcèlement qui viole les règles de conduite de votre université, oui ou non ? » les interroge la représentante républicaine et élue de l'État de New York Elise Stefanik. Les présidentes font valoir l'appréciation du « contexte » et se réfugient derrière la sacro-sainte liberté d'expression, suscitant une vague de réactions indignées, au-delà des clivages politiques. Quelques jours plus tard, Elizabeth Magill, la présidente de l'université de Pennsylvanie démissionne. Suivra en janvier son homologue à Harvard, Claudine Gay, première Afro-Américaine nommée en juillet 2023 à la tête de la prestigieuse institution. En août 2024, Nemat Shafik, première femme à présider Columbia, donnera aussi sa démission.

« À Sciences Po, Gaza a été le révélateur de ce qui était présent bien avant, avec la montée en puissance du courant postcolonial, observe un professeur de l'école. Israël est considéré comme le dernier État colonial. Aujourd'hui, l'antisémitisme est davantage à chercher à l'extrême gauche qu'à l'extrême droite ». Pour l'essayiste Brice

Couturier, l'antisémitisme d'extrême gauche en France vient notamment des « *black studies* » américaines. « Le wokisme exige des droits spécifiques à titre de réparation en faveur des catégories ayant subi des préjudices. Or les juifs sont censés bénéficier du "privilège blanc", dans la *critical race theory*, écrit-il dans *Le Point* en mars 2024. Pour les woke, les juifs ne sont pas des blancs, mais des super blancs ». Plus prosaïquement, un professeur de l'école estime que « la Palestine est la dernière cause à la mode, après le climat et les LGBT ». Une enseignante vacataire se remémore les militants masqués et ce tract, qui l'a laissée sidérée : « Nous avons gagné en Algérie, nous allons gagner en Palestine ». « C'est ne rien comprendre à l'histoire. Inquiétant dans une école telle que Sciences Po », lâche-t-elle. Ancien président de l'Unef Sciences Po, Thomas Le Corre se souvient avoir organisé de nombreuses mobilisations sur des sujets tels que les frais d'inscription. « Mais jamais sur une question aussi complexe que le conflit israélo-palestinien ! Laisser penser que l'école pouvait avoir le moindre impact sur ce qui se passe dans ce conflit, c'était totalement à côté de la plaque », estime l'étudiant aujourd'hui en master, qui se tient soigneusement éloigné des agitations. « La mobilisation des jeunes pour Gaza n'est pas révolutionnaire, elle est morale », estimait le politiste Olivier Roy dans une tribune signée en juin 2024 dans *Le Monde*. « Elle met en avant la souffrance des populations gazaouies et n'a rien à dire sur la représentation politique des Palestiniens (...). Elle ne propose aucune conjonction des luttes. » Il observait qu'elle touchait avant tout le milieu étudiant, à commencer par les institutions d'élite. Il est vrai que le conflit israélo-palestinien n'a pas suscité l'intérêt des jeunes issus de l'immigration, ni embrasé les universités de banlieue.

Les temps et les luttes ont changé et il faut bien que jeunesse se passe, expliquent en substance, à Sciences Po et ailleurs, les voix bienveillantes à l'égard des jeunes révoltés. « Si l'on choisit cette école, c'est que l'on a envie d'être au cœur de la société », défend un membre du conseil d'administration de la FNSP. Ce dirigeant d'entreprise, passé par Sciences Po, n'a-t-il pas, lui-même, « remonté le boulevard Saint-Michel au début des années 80 pour manifester » ? « Je préfère un étudiant de Sciences Po bouleversé qu'un HEC qui n'en a rien à faire ! » s'exclame un ancien, patron dans la finance. Dans les rangs des élèves, on invoque le militantisme de Gabriel Attal à la section PS de Sciences Po, lorsqu'il y était élève. Et d'ailleurs, en 1968, après la Nuit des barricades, Sciences Po, alors réputée pour son conservatisme, n'avait-elle pas basculé dans le camp de la contestation ? L'amphi Boutmy avait été rebaptisé « Che Guevara », la bibliothèque « Mao Tsé-Toung » et l'ensemble de l'école « Institut Lénine ». Les locaux avaient été occupés et les étudiants avaient refusé de composer pour leurs épreuves de fin d'année.

« Renoncer aux examens, voilà qui était proprement révolutionnaire Rue Saint-Guillaume. L'esprit rebelle ne fléchira que deux mois plus tard, devant l'obstacle insurmontable, lui, des vacances », ironisait Richard Descoings, dans son livre publié en 2007. « Dans les années 1970, une conférence de Raymond Aron a été empêchée par les maoïstes. Mais il n'y avait pas eu de retombées médiatiques. L'amphi "Che Guevara" pose autant de questions que l'amphi "Gaza", à ceci près que là, on a quelques types en direct sur des chaînes d'information en continu, estime Pierre Mathiot, l'ancien directeur de l'IEP de Lille. La différence, c'est qu'en 1968, il y avait le projet utopiste de transformer la France. Aujourd'hui, on défend une cause internationale. Mais pourquoi Gaza, et pas le Soudan, le Congo ou l'Arménie ? » interroge-t-il. Le politologue Pascal Perrineau a son avis sur la question. « L'islamisme a imposé au gauchisme la figure du Palestinien comme "damné de la terre". C'est ce qu'on appelle l'islamo-gauchisme, qui ne date pas d'hier », expliquait le chercheur du Cevipof dans une interview au *Figaro* fin avril 2024. Un avis partagé avec le président LR du Sénat, Gérard Larcher qui, dès mars, s'inquiétait de voir Sciences Po se transformer en « bunker islamo-gauchiste ».

À l'heure de la politique spectacle et de la grande mise en scène sur les réseaux sociaux, les militants de Sciences Po jouent dans la cour des grands. Les rassemblements sont soigneusement organisés devant l'entrée historique de la Rue Saint-Guillaume. Ils savent que les médias répondront à l'appel du parfum de scandale et n'hésitent d'ailleurs pas à les rameuter. « Certains veulent se faire repérer, se faire un nom. Et on se retrouve avec des gros plans sur un groupe d'étudiants qui tendent un drapeau. Oui, ils sont assez forts », soupire une personne de la direction, avant de préciser qu'après les mobilisations, « ils rangent et ramassent les poubelles ». S'ils manient les outils médiatiques comme des maîtres, la lutte politique, elle, a bien changé, considèrent certains. « Lors de conférences sur la Palestine, j'ai vu des étudiantes pleurer, rapporte un historique de l'école. Il y a beaucoup de bons sentiments, mais le corpus politique est creux ». En avril, des étudiants exhiberont leurs mains peintes en rouge. Largement interrogés par les médias sur cette référence au massacre de deux réservistes israéliens à Ramallah le 12 octobre 2000, ils expliqueront tout simplement qu'ils n'avaient pas connaissance de ce symbole historique. « Hicham est une merveille de communication. Il est malin, mais ce n'est pas Gramsci », ajoute le même interlocuteur. En 2024, Hicham Touili-Idrissi a été l'une des figures des mobilisations propalestiniennes à Sciences Po, avec ses boucles d'oreilles, sa barbe de trois jours, son keffieh sur les épaules et ses éléments de langage. Dans le cadre du master droits humains ce jeune Français aux origines marocaines et algériennes a rédigé un mémoire sur « l'engagement politique des Queers musulmans aux États-Unis après le 11 septembre ». Et obtenu la note de 18 sur 20, précise-t-il sur son compte LinkedIn. Diplômé de Sciences Po en juin 2024, l'ancien leader du Comité Palestine est aujourd'hui collaborateur parlementaire de l'eurodéputée LFI Rima Hassan.

Le jouet médiatique et politique

L'amphi Gaza projette brutalement Sciences Po dans l'arène publique et politique. Sur les réseaux sociaux, en l'espace de trois jours, l'affaire suscite plus de 147 000 messages. En 2021, la vague #SciencesPorcs en avait enregistré 25 000, rappelle alors dans *Le Parisien* l'analyste de l'opinion Véronique Reille-Soult. Comme dans la série *La Fièvre*, qui s'apprête justement à être diffusée, la présidente du cabinet Backbone Consulting observe sur les réseaux sociaux deux bulles idéologiques qui s'affrontent. Les communautés de gauche, emmenées par les figures insoumises Jean-Luc Mélenchon, Rima Hassan et Aymeric Caron, s'insurgent du fait que Sciences Po et le Premier ministre Gabriel Attal aient saisi le Procureur de la République. Les sphères d'extrême droite, elles, sont conduites par le polémiste Jean Messiha, auteur du message le plus visible sur le sujet, dans lequel il dénonce la « conférence de presse » organisée par des « agents du Hamas » à l'école. « Narratif contre narratif, chaque communauté impose ses hashtags », observe Véronique Reille-Soult. #Palestine et #Gaza pour les premiers, #Antisémitisme et #Israel pour les seconds.

Mais lors de la déflagration du 12 mars, l'école a un autre problème, qui est devenu récurrent chez elle ces dernières années. Son directeur s'apprête à quitter le navire. Sciences Po sait que Mathias Vicherat va être renvoyé devant le tribunal correctionnel pour son affaire de violences conjugales et prépare le texte pour annoncer sa démission le lendemain. Le 13 avril, lorsque Gabriel Attal fait le déplacement Rue Saint-Guillaume et s'invite au conseil d'administration de la FNSP pour taper du poing sur la table, l'école est sans pilote. Le jeune et ambitieux Premier ministre, diplômé de l'école, met soigneusement en scène son intervention et s'offre un joli coup de pub. « Une expression célèbre dit que le poisson pourrit toujours par la tête. Je pense que c'est cela que les Français sont en train de se dire », lâche-t-il dans la salle qui réunit autour de la table le patron de Carrefour Alexandre Bompard, l'ex-présidente du Medef Laurence Parisot, l'ancienne ministre de la Culture Audrey Azoulay, ainsi que des représentants enseignants et étudiants. Il agite le financement de l'État, assénant que, « lorsque de l'argent public est engagé », les Français attendent que soit garanti « à 200 % » le respect des principes républicains. Ces principes, le futur administrateur provisoire de l'école, qui va être prochainement nommé, devra les avoir en tête pour « inverser » la « pente » sur laquelle l'école s'est engagée. « On a géré la crise en direct, il fallait une fermeté absolue », se souvient un collaborateur de Gabriel Attal, lui-même ancien de Sciences Po.

C'est précisément cette incursion de l'exécutif dans ses affaires que l'école a peu goûté. Plusieurs membres du conseil de la FNSP dénoncent « une forme de poujadisme », « une récupération politique », à un moment où l'institution « a besoin d'être défendue ». « Le discours du Premier ministre était marqué au coin du bon sens », estime, à contre-courant, une autre voix du conseil, qui raconte que lors de la venue de Gabriel Attal, personne n'a émis « une seule remarque », et qu'il est sorti sous les applaudissements. « Un vrai bal de faux culs ! », lâche-t-il. Quelques jours plus tard, les directeurs de recherche et doyens de l'école font savoir leur « profonde émotion » après cette « visite inopinée », dans un courrier interne arrivé jusqu'au journal *Le Monde*. Ils s'y indignent de voir ainsi piétinés « les principes fondamentaux d'indépendance et de liberté académique ».

L'administrateur provisoire va avoir du pain sur la planche. Nommé le 26 mars, Jean Bassères est un énarque passé par Sciences Po. Ce grand commis de l'État, ancien patron de Pôle emploi, a rendu en novembre 2021 un rapport sur la mise en place de l'Institut national du service public (INSP), qui va remplacer l'Ena. « Au cours de ces mois difficiles, il m'a souvent dit qu'au fond, ce n'étaient pas les étudiants le problème, mais la faculté permanente », rapporte un professeur de l'école. Jean Bassères prend les rênes de l'école au moment où les mobilisations propalestiniennes étudiantes explosent. À l'aube de la campagne pour les élections européennes, qui débute fin mai 2024, les politiques promettent de s'inviter dans la danse. D'autant que la France insoumise a trouvé à Sciences Po un auditoire et une caisse de résonance de choix, au cœur des élites parisiennes.

Depuis le 7 octobre, LFI s'est refusée à qualifier le Hamas d'organisation terroriste et a fait voler en éclat la Nupes (Nouvelle union populaire écologique et sociale), qui va des Insoumis aux socialistes. Le 3 mars, trois députés Insoumis sont présents à Pantin, aux côtés de l'Américaine Judith Butler, lors d'une table ronde qui va faire parler d'elle. Figure emblématique des études de genre et de la théorie queer, la professeure émérite à l'université de Berkeley y décrit les attentats du Hamas comme un « soulèvement », un « acte de résistance ». Après avoir cherché par le passé des voix auprès de la communauté musulmane, la France insoumise a choisi de placer Gaza au cœur de sa campagne pour les élections européennes. Depuis la mi-janvier, ses représentants ont entrepris une grande tournée des universités françaises et soufflent sur les braises des mobilisations étudiantes. Le parti de gauche radicale y a déjà tenu une vingtaine de conférences, mais en avril, plusieurs sont annulées en raison de risques de troubles à l'ordre public. Parmi elles, une intervention de Mélenchon et Rima Hassan programmée le 18 avril à l'université de Lille. À cette occasion, le leader insoumis n'hésite pas à faire le parallèle entre le président de la fac lilloise et le criminel nazi Adolf Eichmann.

C'est dans ce contexte éruptif qu'il annonce sa venue Rue Saint-Guillaume le 22 avril. Sciences Po, temple du pluralisme, accepte de l'accueillir, au nom de la liberté d'expression, moyennant le déploiement d'un dispositif policier. C'est l'association des Jeunes insoumis de Sciences Po qui l'a invité. Accueilli par un rassemblement d'étudiants, aux cris de « Jean-Luc, on t'aime », c'est un Mélenchon tout sourire qui prend place dans un amphi Boutmy bondé, pour une conférence de presque deux heures. « Je me doute qu'il doit y avoir parmi vous un certain nombre de gens qui ne sont pas acquis aux idées de l'insoumission. Je leur souhaite la bienvenue », lance l'ancien trotskiste à son auditoire. Il sait bien qu'à Sciences Po, les étudiants ont voté à 55 % pour lui lors du premier tour de la présidentielle 2022, que les Jeunes insoumis y sont très présents et que l'Union étudiante, créée en 2023 dans le sillage de son parti, est en bonne position dans la représentation syndicale.

Outre-Atlantique, les universités américaines s'embrasent. Des étudiants arborant le keffieh réclament de leurs établissements le boycott de toute activité en lien avec Israël et installent des campements de solidarité avec Gaza sur les pelouses des campus. La police intervient. Le 18 avril, à Columbia, elle interpelle une centaine d'étudiants propalestiniens. La vidéo d'un manifestant brandissant le drapeau palestinien et la pancarte « Retournez en Pologne ! » tourne sur les réseaux sociaux. Leur emboîtant le pas, une soixantaine d'étudiants de Sciences Po répondent à l'appel du Comité Palestine et dressent des tentes sur les pelouses du campus Saint-Thomas, que l'école a inauguré deux ans plus tôt, à deux pas du siège historique. Ils sont évacués dans la nuit du 24 par les CRS. La police est donc entrée sur le campus de Sciences Po ! Aussitôt, fusent de la communauté universitaire les réactions indignées. « Après cela, peu d'enseignants ont soutenu l'administrateur provisoire », se souvient un professeur. Pour beaucoup d'entre eux, une « ligne rouge » a été franchie. Les étudiants, eux, remettent ça de plus belle le lendemain en plantant leurs tentes dans le jardin du 27, rue Saint-Guillaume. À l'intérieur et aux abords du bâtiment, la mobilisation est emmenée par plusieurs dizaines d'étudiants, keffieh sur la tête.

« Israël assassine, Sciences Po complice », « *From the river to the sea* » ou encore « Nous sommes tous des enfants de Gaza ». Les slogans résonnent à Saint-Germain-des-Prés, tandis que des drapeaux palestiniens sont accrochés aux balustrades. La France insoumise salue chaleureusement la mobilisation. Dans un message enregistré depuis l'Arménie, Jean-Luc Mélenchon leur adresse son « salut le plus reconnaissant et le plus admiratif », tandis que Rima Hassan appelle au « soulèvement ». Et sur le réseau social X, le 28 avril, l'ayatollah Khamenei, guide suprême de la Révolution islamique iranienne, apporte lui aussi son soutien aux manifestations « contre Israël », aux États-Unis, en Angleterre et en France. Il accompagne son post d'une compilation de vidéos, parmi lesquelles des images de l'IEP de Paris. Le 29 avril, au cœur du quartier latin, des tentes sont montées dans la cour de La Sorbonne. Comme à Columbia, Yale, Harvard ou Princeton, les enfants de la bourgeoisie se rebellent. « C'étaient des étudiants français, et les plus haineux n'étaient pas issus de l'immigration », se souvient un membre du conseil de la FNSP. De Columbia, le professeur de philosophie Souleymane Bachir Diagne entend alors enfin parler du « wokisme à Sciences Po ». « Avant cela, j'aurais bien été en peine de dire ce qu'il recoupait, explique le philosophe. Avec ces mobilisations, on a commencé à faire des comparaisons avec les États-Unis ».

« Jean Bassères ne voulait pas que Sciences Po se transforme en Nuit Debout, explique un membre de la direction. Mais il ne connaissait pas suffisamment l'institution. En appelant la police, il n'avait pas anticipé les réactions ». Sur le campus de Paris, mais aussi de Reims et de Menton, la mobilisation vire à la remise en cause de l'institution. Si l'ancien patron de Pôle emploi est rompu au dialogue social avec les syndicats, il a moins l'habitude des activistes. À l'heure où les examens vont débuter, l'administrateur provisoire se met à la table des négociations avec les étudiants. Il leur concède l'organisation d'un débat interne, « ouvert à toutes les communautés », qui se tiendra le 2 mai. Mais dans cette négociation, sont aussi présents, aux côtés des syndicats représentatifs qui vont de l'extrême gauche à la droite, l'association SJP et le fameux Comité Palestine. Ce dernier n'a pourtant aucune existence légale. Ce groupe volontairement clandestin, d'environ 300 personnes, a été créé en réaction à la guerre menée par Israël contre le Hamas. Ses revendications sont claires. Il exige de Sciences Po la condamnation des agissements d'Israël et la fin de ses collaborations avec toutes les entités jugées complices de « l'oppression systémique du peuple palestinien ». Le Comité Palestine est très lié aux syndicats d'extrême gauche, avec lesquels il se confond. « Il signait ses communiqués avec l'Union étudiante et Solidaires, explique une étudiante. Son alliance avec les syndicats d'extrême gauche l'a légitimé et lui a permis de coller des affiches, d'organiser des événements ». Il est aussi proche de Students for Justice in Palestine (SJP).

L'association d'une soixantaine de membres, qui organise des événements culturels pour faire connaître la Palestine, a quant à elle une existence légale. C'est un étudiant palestinien venu de Ramallah, qui a déposé la demande de création avant le 7 octobre. SJP vient tout droit de l'université de Berkeley, en Californie, où un certain Hatel Bazian, qui dirige depuis 2009 un centre de recherche dédié à l'islamophobie, l'a créée il y a une trentaine d'années, après la première guerre du Golfe. « Nous pensons que la lutte pour une Palestine libre est aussi une lutte pour la libération des Noirs, la liberté de genre et sexuelle, et une planète vivable et durable, explique-t-elle sur son site internet. Toutes les quêtes de liberté, de justice et d'égalité sont matériellement liées et nous obligent à lutter contre la violence d'État, le colonialisme, le capitalisme et l'impérialisme sous toutes leurs formes ». Aujourd'hui encore, un professeur de l'école se désole : « On a eu une cinquantaine d'excités, manipulés par LFI sur 15 000 étudiants ! » Ce à quoi un proche de la direction ajoute qu'il y avait en réalité « trois meneurs, dont deux salafistes », leurs dossiers, qu'il a pu consulter, ne laissant « aucun doute ». « Et ce n'était évidemment pas ceux que l'on voyait dans les médias », précise-t-il.

Une minorité agissante et des voix silencieuses

La négociation de l'administrateur provisoire ressemble à un renoncement. « La direction de Sciences Po a lâché. Le bateau est en train de couler », réagit alors Quentin

Coton, le représentant de l'Uni. Parmi les étudiants de l'école, des voix de la majorité silencieuse en veulent à cette direction qui a « cédé au chantage de quelques dizaines de militants ». Sans attendre, la famille du grand économiste Jean-Paul Fitoussi annonce qu'elle suspend le partenariat de sa Fondation avec l'école. « Le fait que Sciences Po envisage même de répondre aux demandes de ces élèves est non seulement choquant, mais aussi dangereusement indulgent », écrit David Fitoussi, qui se dit « consterné », « surtout en comparaison avec les réactions fermes observées dans les universités américaines ». La droite et l'extrême droite dénoncent une « capitulation ». Jordan Bardella, tête de liste du RN pour les élections européennes, pointe « la douloureuse dérive » d'un établissement qu'il décrit comme « une ZAD où se retrouvent toutes les sympathies pour les causes de l'extrême gauche ». Quant à Valérie Pécresse, la présidente de la région Île-de-France, elle annonce la suspension de sa subvention, tant que la sérénité et la sécurité ne seront pas rétablies. L'élue LR pointe « une minorité de radicalisés appelant à la haine antisémite et instrumentalisés par LFI et ses alliés islamo-gauchistes ». Le Parti socialiste, lui, se fait discret.

Le 2 mai, se tient donc à Sciences Po le débat interne promis, ou plutôt le « *town hall* ». Les militants propalestiniens ont tenu à le nommer ainsi, pour imiter, encore, les États-Unis. Le terme, que beaucoup découvrent à l'occasion, vient des campus américains. Les « *town hall meeting* » qui, dans la tradition démocratique américaine permettent aux citoyens de faire entendre leurs voix en participant à des réunions publiques, sont devenus de hauts lieux de résistance depuis l'élection de Trump, en 2017. Dans l'amphithéâtre Boutmy, le « *town hall* » a donc remplacé la traditionnelle « AG » syndicale. Le Comité Palestine exige aussi que le débat se tienne en anglais, arguant de la forte présence d'étudiants étrangers à l'école. Il réunit 2 000 participants. En introduction, Jean Bassères prévient : « Tout le monde nous regarde ». Mais pour le débat éclairé et le pluralisme, il faudra repasser. « Dès que l'on mentionnait l'antisémitisme, on se faisait huer, raconte Émilie Zerbib, qui y a assisté en visioconférence. On se serait cru dans un stade de foot ». De manière prévisible, le *town hall* tourne court, Sciences Po excluant de renoncer à ses partenariats avec les universités israéliennes. Le soir, l'occupation du campus est votée. Une dizaine d'étudiants entament une grève de la faim. L'administrateur provisoire décide de fermer les bâtiments le 3 mai et d'annuler les cours. Les examens, eux, auront bien lieu.

« Ce qui a mis fin à tout ça, c'est les vacances », soupire une étudiante. Comme ce fut le cas en 1968. Jusqu'à la fin de l'année, l'école vivra au rythme hebdomadaire des rassemblements du jeudi. Une minute de silence pour Gaza, à 12 h 15, suivie en Péniche d'un rassemblement bruyant où, aux slogans habituels de « *From the river to the sea* » ou « Viva Intifada », s'ajoute désormais « Tout le monde déteste Jean Bassères ». « L'appel à l'Intifada, c'était tellement choquant au début, et puis, au fur et à mesure, des étudiants le disaient tranquillement, se souvient Émilie Zerbib. Ce qui était impensable s'était normalisé ».

La majorité silencieuse des étudiants, elle, a subi cette paralysie de l'institution, ne pouvant aller en cours qu'un jour sur deux certaines semaines. « Je n'ai pas reconnu mon école, se souvient Alexandre qui, à l'époque, rédigeait son mémoire de master à la bibliothèque. Quand je suis arrivé à Sciences Po six ans plus tôt, j'avais des amis chez les jeunes communistes et chez les jeunes LR. Aujourd'hui, les associations représentatives n'existent plus sur le terrain. Et l'on doit se taire face à une minorité bruyante ». La plupart de ces étudiants expliquent que « les bons élèves ont juste envie de réussir » et déplorent de voir la réputation de leur école ainsi salie. « Cette année, un prof de Columbia m'a dit : "C'est pire que chez nous", raconte un étudiant en échange. Il faut dire que là-bas, il y a énormément d'agents de sécurité, 24 heures sur 24. Ils ont été très traumatisés par les blocages de l'an dernier ». De Londres, où il est une figure du secteur financier depuis 30 ans, Jean-Baptiste Wautier remet les choses à leur place. « Ma fille, qui étudie à UCL (University College de Londres), n'a pas pu aller en cours pendant un mois ! King's College, Yale et Harvard ont été autrement plus impactés par ce mouvement qui a touché les grands pôles de sciences sociales dans le monde. Dans la presse anglo-saxonne, personne n'a parlé de Sciences Po, poursuit cet ancien de la Rue Saint-Guillaume, qui enseigne dans le master de finance et stratégie. Si l'image de l'école a été altérée en France et dans le petit monde des élites parisiennes, ce n'est pas le cas à Londres ».

Parmi les enseignants, certains ont ouvertement soutenu les mobilisations propalestiniens. Du côté des labos, ce fut le cas du Centre de recherches internationales (Ceri) et du Medialab, spécialisé en sociologie. Fin avril, après l'intervention de la police venue déloger des étudiants qui plantaient leurs tentes sur le campus de Saint-Thomas, le Medialab avait publié un communiqué dans lequel il exprimait sa « vive inquiétude devant la criminalisation de certains mouvements sociaux, en particulier ceux liés aux souffrances du peuple palestinien », et son « profond attachement à la liberté d'expression et de mobilisation » des étudiants. « Certains professeurs de socio ne voulaient plus des partenariats avec Israël. Et pourquoi pas refuser les étudiants israéliens à l'école ? » s'indigne une vacataire. Le Centre d'histoire, lui, avait accroché une banderole « *Free Palestine* » sous ses fenêtres, sur le campus Saint-Thomas. Mais d'autres ont signifié leur profond désaccord, appelant l'administration à réagir. Fin avril, dans une tribune publiée par *L'Express*, 500 anciens élèves et enseignants de l'école dénonçaient « l'instrumentalisation » de l'école par « une minorité violente » qui « entrave le débat, rendant certains intervenants de facto persona non grata ». Parmi eux, les politologues Pascal Perrineau et Gilles Kepel. « Des profs qui enseignent à l'école depuis longtemps nous ont dit que l'on ne pouvait plus débattre, et qu'ils voyaient venir ça depuis dix ans », raconte une élève. Pascal Perrineau, lui, a payé ses prises de position contre le militantisme radical. En juin 2024, il apprend que le conseil scientifique de l'école a décidé de ne pas renouveler son titre de professeur « émérite ». « Il n'y a plus d'étudiants pour semer l'anarchie. Les professeurs ont décidé de prendre la relève ? » interrogeait-il alors dans *Le Figaro*. Le politologue, qui reste professeur associé au Cevipof, avait dénoncé une « chasse aux sorcières ».

Du côté des donateurs, l'affaire a aussi brouillé l'image de l'institution. Après la famille Fitoussi fin avril, c'est l'homme d'affaires américain Frank McCourt qui, en juin 2024, avait mis fin à un partenariat scellé trois ans plus tôt. Au moment des mobilisations, sur une boucle de mails d'anciens de l'école, beaucoup n'en croyaient pas leurs yeux. « Pour nous, c'est un crève-cœur, y compris à très haut niveau », explique l'un d'eux, cadre dans un grand cabinet de conseil. « Nous sommes associés à des valeurs qui ne sont pas les nôtres. L'an dernier, Sciences Po est sorti du cadre républicain. Elle a chopé tous les excès du wokisme. Il faut faire une purge », ajoute-t-il.

« Les amours déçues, c'est terrible. Les crises à Sciences Po ont créé de vrais divorces », résume Pascal Perrineau, qui préside l'association des alumni de Sciences Po depuis 2016. Comme après l'affaire Duhamel, il a constaté une baisse des dons. Le 14 juin 2024, le président de l'association a vécu un incident dont il se serait bien passé. Ce jour-là, alors que les locaux flambant neufs du Campus Saint-Thomas d'Aquin s'apprêtent à recevoir la Garden party des anciens, quelques militants du Comité Palestine accueillent les invités au milieu d'une flaque de peinture rouge, aux cris de « Vive la Palestine libre ». À l'intérieur, ils appellent à une minute de silence pour Gaza, avant de distribuer des tracts accusant Coca-Cola, partenaire de la soirée, d'entretenir des liens commerciaux avec Israël. « Pour rentrer, nous avons dû marcher dans ces flaques rouges. Je me suis senti physiquement mal, se souvient un ancien qui était présent. Il y avait moins de monde qu'à l'accoutumée, car en lisant les réseaux sociaux, on se doutait que ça allait mal se passer. C'était gênant. Personne ne s'est parlé. Les étudiants, eux, circulaient plutôt souriants par petits groupes. Ils n'ont pas hésité à profiter du buffet », ajoute-t-il.

En France, les mobilisations propalestiniennes et les blocages ont aussi touché les IEP de région, l'EHESS et des universités. « Mais pour les bloqueurs professionnels de LFI, il est plus rentable d'aller à Sciences Po que sur le campus de Clignancourt ! » lâche un syndicaliste étudiant.

L'École normale supérieure (ENS) a également eu droit aux banderoles, aux occupations et aux tentes plantées dans sa cour, Rue d'Ulm, dans le 5e arrondissement parisien. Mais c'est à Sciences Po que la déflagration a été la plus forte et la plus durable. « Entre les caméras braquées sur elle et les slogans de soutien à Gaza, elle était comme une citadelle assiégée, constate un ancien. Elle ressemblait à un canard sans tête, avec un administrateur provisoire incapable de donner le cap, faisant un jour intervenir les forces de l'ordre, puis laissant les agitateurs s'installer le lendemain ». Au cours de ces mois, elle a renvoyé l'image d'une institution livrée au désordre, sans gouvernance et sans stratégie de long terme. C'est dans ce contexte que commence, en juin 2024, la procédure de désignation du futur directeur. Cette fois, l'annonce parue dans le *Journal officiel* précise qu'il devra démontrer sa « capacité d'adaptation et de gestion de crise ».

6.

Une carte de visite dévalorisée ?

« Il y a eu un avant et un après Gaza ». Lancinante, cette phrase revient, de la bouche de professeurs de Sciences Po, d'étudiants, mais aussi de recruteurs et d'anciens, qui occupent des postes clés dans une multitude de secteurs. Et qui se désespèrent. Les plus aveugles, ou les plus confiants, auront beau balayer cela d'un revers de main, l'assertion correspond à une réalité. Après l'affaire de l'amphi Boutmy rebaptisé « Gaza » en avril 2024, les vidéos et images qui ont circulé dans les médias, agrémentées d'abondants commentaires de la classe politique, ont été dévastatrices pour la réputation de l'institution. Elles ont montré une école aux prises avec des militants masqués, martelant des slogans propalestiniens coiffés de keffiehs, et une direction dans l'impasse, incapable de gérer le désordre. Si l'« amphi Gaza », les manifestations et les bloqueurs évacués par la police, ont fait l'effet d'un séisme, c'est aussi la goutte d'eau dans une tempête qui semble plus vaste. Voilà une dizaine d'années que Sciences Po fait les gros titres de la presse avec sa valse des directeurs et ses coups successifs portés à l'élitisme à la française, qui ont eu pour point d'orgue la suppression de son concours. Dès mai 2024, sur le réseau social X, les publications sur la « démonétisation » du diplôme et des CV que les recruteurs jetteraient directement « à la poubelle » se multiplient. Ces employeurs du privé, ayant « pris conscience qu'intégrer des Sciences Po est un risque », seraient en train de les « blacklister », tandis qu'en parallèle, beaucoup de diplômés iraient « s'incruster dans la fonction publique », peut-on lire, en substance, sur ce réseau social peu réputé pour sa nuance, mais à forte influence.

Dans les mois qui suivent, des articles d'*Atlantico Business*, du *Figaro* ou encore de *Décideurs Magazine* se font l'écho des inquiétudes du monde économique, sous les titres « les recruteurs s'alarment » ou « Chronique d'une mort annoncée ». Le sujet occupe aussi le réseau social professionnel LinkedIn, où les annonces de forums de recrutement publiées par l'école ou des institutionnels côtoient les interrogations et inquiétudes. « Si les crises se multiplient et qu'elles sont mal gérées, ce sera définitivement perdu. Sciences Po ne fait pas exception à la règle », écrit fin mars 2024 sur LinkedIn Xavier Brunschwig, consultant et ancien élève de l'école, dont il fut le directeur de la communication dans les années 2000 : « Les alumni s'énervent, les donateurs désertent, l'État remet en cause son indépendance académique, les recruteurs se posent des questions », écrit-il. Comme un témoignage de cette fébrilité, l'association des anciens de Sciences Po prend aussi la plume en mai 2024, pour se défendre d'amalgames. « Les comportements de minorités » ne reflètent « ni la réalité de notre École, ni l'esprit de ses 15 000 étudiants », affirment ces alumni qui se veulent les « garants de l'héritage » et rappellent, presque désespérément, que l'école « se hisse cette année au rang de 2e meilleure université mondiale dans la catégorie science politique sur plus de 1 500 universités internationales ».

En juin 2024, la Garden party des anciens, perturbée par l'irruption de militants du Comité Palestine, laisse un goût amer. Quelques mois plus tard, alors que la rentrée de septembre laisse espérer une sortie de crise avec l'arrivée d'un nouveau directeur, le diplomate et énarque Luis Vassy, c'est le forum des carrières organisé par l'école qui est investi par ce même collectif. Dans leur ligne de mire, les groupes L'Oréal, Dassault Systèmes et Carrefour, « directement impliqués dans la fourniture de biens et de services aux colonies israéliennes illégales en Cisjordanie, expliquent ses militants. Nous refusons de normaliser cette tentative de nous recruter au sein d'entreprises criminelles ». Les stands des groupes visés sont tachés d'empreintes de mains rouges. De quoi agacer les entreprises présentes. Le banquier Rothschild, partenaire historique, lui, n'a pas fait le déplacement. Face aux inquiétudes du monde professionnel qui remontent ces derniers mois, l'école, elle, brandit ses statistiques d'insertion. Parmi ses promotions 2022 à 2024, neuf diplômés sur dix sont en activité, 59 % ayant même trouvé un emploi avant l'obtention de leur diplôme. Leur salaire annuel brut moyen atteint 39 000 euros en France et 43 000 à l'étranger, où 29 % commencent leur carrière. Mais l'agitation de ces chiffres généraux est peu significative au regard de l'image qui lui colle à la peau. Les employeurs ont besoin des signaux forts d'une direction stable. En attendant, la suspicion continue de planer sur Sciences Po.

Les doutes des recruteurs

« On verra bien comment les choses se passeront dans les années à venir, lorsque les étudiants actuels arriveront sur le marché du travail. Est-ce que les employeurs se diront : "Ça, c'est la génération Gaza" ? » s'interroge l'associée d'un grand cabinet de chasseur de têtes américain, basée en France. « Les professionnels doutent. Au fond, ils se demandent si cette agitation est le fait d'une minorité ou d'un état d'esprit général, et si elle est liée à de nouveaux profils recrutés par l'école, ou à des bourgeois traditionnels qui auraient bien changé ». Pour cette habituée du recrutement, l'affaire « Gaza » est certes « conjoncturelle », mais a pris trop d'ampleur. « Ce qui a frappé surtout, c'est l'impression qu'il n'y avait plus de pilote dans l'avion », ajoute-t-elle, avant de se remémorer « l'affaire Duhamel », un « autre sujet », mais qui avait aussi « beaucoup fait parler » dans le monde des entreprises. Dans un cabinet d'audit et de conseil appartenant au groupe des « Big Four », les quatre plus grosses boîtes du secteur, un dirigeant et ancien de Sciences Po ne se reconnaît plus dans l'image renvoyée par son école. « 55 % des élèves qui ont voté pour Jean-Luc Mélenchon au premier tour de la présidentielle 2022 ! Je ne l'accepte pas, souffle-t-il. Le fait que Mathilde Panot et Manon Aubry soient passées par Sciences Po n'est pas un bon signal », assène-t-il, lui qui, sur les bancs de la Rue Saint-Guillaume, a côtoyé le socialiste Boris Vallaud ou Rama Yade, ancienne secrétaire d'État sous le mandat de Nicolas Sarkozy.

À l'image de professeurs, qui ont désormais l'habitude de s'entendre dire « tu travailles encore dans une école de wokistes ! », les étudiants, au cours de leurs stages, essuient des plaisanteries récurrentes. Elles sont courantes sur les bancs de l'Assemblée nationale. Comment en parlent les députés ? « Mal ! lâche un étudiant stagiaire de l'Hémicycle. Certains en sont attristés. D'autres ne voient pas le problème ». « Vous avez bien du courage dans cette école de gauchistes ! » s'est entendu dire l'ancien président du syndicat Uni, Quentin Coton, qui travaille aux côtés d'une députée RN, mais qui a bien l'intention de trouver un job dans le privé. « Récemment, un responsable RH m'a dit : "N'hésitez pas à mentionner sur votre CV que vous étiez à l'Uni !" Une chose que pendant ma scolarité à l'école, les profs m'avaient plutôt conseillé de cacher », précise-t-il. « On se fait cracher dessus à cause d'une cinquantaine d'excités ! » s'exclame Alexandre, diplômé de l'école de droit, qui se souvient de remarques aigres ou moqueuses, lors de son année en alternance dans un cabinet d'avocat. « La plupart du temps ce sont des plaisanteries du type "Encore un sciencespiste de gauche, on va pas le garder !", mais on a aussi droit à des commentaires comme "Sciences Po, c'est vraiment plus ce que c'était..." »

Dans un gros cabinet d'avocats d'affaires américain, un associé spécialiste du contentieux ne cache pas sa déception, lui qui, depuis plusieurs décennies, recrute des Sciences Po. L'avocat explique ne jamais embaucher d'étudiants ayant fait uniquement du droit, car il recherche des « gens curieux, capables de s'approprier autre chose que des données juridiques ». En cela, la formation de Sciences Po, ouverte sur les sciences humaines et sociales et largement internationalisée, coche toutes les cases. Mais elle a selon lui versé dans les excès. « Elle est très, très large, voire trop ! Elle pourrait être plus ciselée, car de notre côté, nous avons un grand besoin d'expertise », poursuit-il. Fort d'une vingtaine de bureaux installés à travers le monde, son cabinet affronte aujourd'hui « une concurrence colossale » qui le contraint à se positionner sur

« des dossiers à forte valeur ajoutée ». Dans ce contexte, les profils « très qualitatifs » d'étudiants formés dans des universités comme Assas pourraient bien faire de l'ombre aux élèves de Sciences Po, surtout s'ils ont fait, en plus, un passage par HEC. Parmi ses recrutements, l'avocat a pour habitude de retenir pour moitié des diplômés de la Rue Saint-Guillaume. Il voudrait continuer de le faire. « Je suis très attaché à cette école où j'ai passé les meilleures années de ma vie ! », ajoute cet ancien de la promo 1989 qui, alors boursier venu de province, se souvient d'y avoir appris à « structurer sa pensée et sa parole ». Il va aujourd'hui davantage scruter les CV et les profils. « Il y avait jadis chez les Sciences Po une grande ouverture d'esprit. Aujourd'hui, ils sont beaucoup dans la posture, la radicalité, davantage que les étudiants de la fac, constate-t-il. Certains associés n'ont pas envie de se retrouver cloués au pilori sur les réseaux sociaux, pour une raison ou pour une autre ! » La prudence est donc de mise, d'autant que l'antenne new-yorkaise du cabinet compte des associés juifs. Les mobilisations propalestiniennes ont été suivies de près. Au nouveau directeur de l'institution, il adresse ce message : « Il serait bon de revenir aux fondamentaux et au goût du savoir. À force de se focaliser sur les origines sociales des étudiants pour cocher des cases, on finit par perdre son ADN. » À bon entendeur.

Du côté de l'école de droit de Sciences Po, un professeur fait état de « quelques accidents industriels, lors de stages, qui n'avaient pas lieu il y a quelques années ». C'est au sein de cette école, peu réputée pour son gauchisme, que des élèves avaient publié, en avril 2024, une lettre ouverte destinée à faire savoir qu'ils étaient encore « recrutables ». « Nous déplorons l'avènement de l'École de l'enrégimentement des esprits par des forces internationales et des néo gardes rouges de pacotille. Nous ne supportons plus ni l'omerta, ni la perte fulgurante de respectabilité de la Maison de l'excellence. Les passions dominent et nous en mourrons », écrivaient-ils dans ce texte grandiloquent signé « les autres ». L'école de droit rassemble près de 1 000 étudiants, parmi lesquels un tiers est inscrit dans les classes préparatoires aux concours juridiques, avec un taux de réussite de 53 % pour les concours de la magistrature et de 91 % pour ceux de la gendarmerie nationale et de la police. Au concours de commissaire de police 2024, les sciencespistes avaient raflé 27 des 34 postes ouverts.

Une école de droit, une école d'affaires publiques, une école d'affaires internationales, mais aussi de management, de journalisme, de recherche, d'urbanisme… Un total de sept écoles bien différentes, au sein desquels sont proposés une trentaine de masters, agrémentés d'une multitude de spécialisations. Sous le label « Sciences Po », se cachent des formations aux colorations bien différentes, éloignées de l'idée selon laquelle l'école ne serait qu'une marche vers la haute fonction publique. Aujourd'hui, la majorité de ses diplômés se dirige vers le secteur privé (56 %), quand un quart travaille dans le public, les 20 % restant œuvrant dans des ONG, des associations ou des organisations internationales. À la kyrielle de cursus, s'ajoute la multiplication des voies pour y accéder. Les étudiants du bachelor intègrent de droit le master dans lequel ils postulent, à l'exception de l'école de journalisme contrainte par ces débouchés restreints, et des doubles diplômes très sélectifs avec HEC, l'école d'ingénieurs AgroParisTech, l'école militaire de Saint-Cyr Coëtquidan, Columbia ou encore la London School of Economics. Les étudiants venus des universités étrangères ou françaises sont quant à eux sélectionnés sur dossier et entretien. De quoi s'y perdre.

« Par le passé, c'était clair. Il y avait un concours et des parcours organisés par "sections". Aujourd'hui, il existe beaucoup de voies latérales pour entrer à Sciences Po », constate l'associée d'un cabinet de chasseurs de têtes, qui échange régulièrement sur le sujet avec ses entreprises clientes du secteur de l'audit et du conseil, largement attractif pour les sciencespistes. « Le diplôme s'est un peu démonétisé. On ne sait plus comment ça se passe. C'est brumeux, poursuit-elle. Il faut interroger les étudiants sur la manière dont ils ont intégré l'école et ce qu'ils y ont fait ». Et si jadis les cabinets d'audit, les directions des affaires publiques ou le secteur du lobbying plaçaient Sciences Po dans le même panier que des écoles de management telles qu'HEC ou l'Essec, ce serait selon elle désormais moins le cas. Les entreprises seraient plus circonspectes à l'égard des « soft skills » des élèves. « Auparavant, on savait que l'on recrutait des étudiants classiques, conservateurs, dans le moule. Aujourd'hui, les entreprises associent à Sciences Po l'idée de la politisation et du dogmatisme. En résumé, elles ont un peu peur que ces diplômés viennent leur casser les pieds ! » ajoute la dirigeante. La chasseuse de têtes, qui travaille dans le secteur depuis une vingtaine d'années, a en tête la révolution impulsée à Sciences Po sous Descoings, dans les années 2000. « À l'époque, tout le monde trouvait cela très moderne de dépoussiérer cette institution qui était la voie royale vers l'Ena. Mais vingt ans plus tard, on ne s'y retrouve parfois plus », estime-t-elle.

Et c'est ici que l'on retrouve l'œuvre de Richard Descoings, père fondateur du nouveau Sciences Po. « En prenant mes fonctions au milieu des années 1990, j'ai souhaité être le directeur de tous les élèves de Sciences Po », écrivait-il, en 2007, dans *De La Courneuve à Shanghai*. Dans sa ligne de mire : la section « service public » de l'école, à laquelle est associée la préparation à l'Ena. Une section « sacralisée » qui, d'après le défunt directeur, a non seulement « nourri et amplifié la frustration de ceux qui ont échoué », mais aussi suscité la perplexité des recruteurs « qui ont vu pendant des années des jeunes gens formés par le contentieux administratif et la macro-économie venir jusqu'à eux, presque à contrecœur ». Alors que depuis 1945, l'Ena ne propose jamais plus de 70 places par an, il fait valoir que les principaux débouchés sont du côté du privé, et ce, depuis longtemps. Idée géniale ou erreur originelle ? En 2000, les quatre « sections » historiques (service public, économie-finance, section générale, section internationale) sont supprimées, pour laisser la place à une scolarité en cinq ans, découpée entre un bachelor et des masters.

La révolution commence en 2004, avec la création d'une école de journalisme. Tout un symbole. Sciences Po veut jouer des coudes dans le monde des médias. À l'époque, ses étudiants sont nombreux à se diriger, une fois leur diplôme en poche, vers les écoles de journalisme. Une déperdition. Descoings crée donc sa propre structure, pour concurrencer les historiques poids lourds du secteur, reconnus par la profession. L'ESJ à Lille et le CFJ à Paris apprécient peu. Vingt ans plus tard, la jeune école de journalisme de Sciences Po se porte bien. Elle a su prendre au vol la révolution du numérique, de la data et de l'IA. Près de 100 % de ses diplômés sont en activité, selon un sondage interne réalisé auprès des promotions 2005 à 2023. Chaque année, elle reçoit 800 à 850 candidatures, pour moins d'une centaine de places. Elle explique prendre soin de ne « pas recruter des militants ». « Les candidats ont souvent des difficultés à faire la différence entre engagement et militantisme, constate Alice Antheaume, sa directrice. Pour certains par exemple, il n'est tout simplement pas envisageable de passer une semaine avec Éric Zemmour. Par contre, avec Mélenchon, ils ont moins de problèmes… Sur l'affaire Gidèle Pelicot, ils peuvent avoir du mal à s'intéresser à la défense de l'accusé ». Pour autant, l'école est très largement orientée à gauche, comme la profession du reste. « Un de mes amis n'a pas osé dire qu'il avait trouvé une alternance à Europe 1, rapporte un étudiant. Globalement, les intervenants sont très à gauche ». À leur sortie, les diplômés peuvent compter sur un important réseau des anciens. Les actuels directeurs de la rédaction du *Monde*, du *Figaro* et des *Échos* en font partie.

Si l'école de journalisme est un pavé dans la mare, elle est surtout le point de départ d'une mue plus vaste, qui va se décliner sur plusieurs années avec la création de six autres entités, jusqu'à l'école de management, en 2016. Dans ces années-là, Sciences Po subit les quolibets. Elle serait devenue « une école de commerce », termes des plus péjoratifs dans la bouche de ceux qui associent étroitement l'institution à l'ouverture intellectuelle et au débat politique. Pour certains, c'est à partir de ce moment que la fabrique des élites a perdu son âme. « Sciences Po a oublié sa vocation de préparation des élites publiques », estime un haut fonctionnaire dans le circuit depuis une vingtaine d'années : « La section “service public”, c'était l'épine dorsale, la filière reine par laquelle on faisait l'apprentissage de l'État et du républicanisme à la Boutmy, même si on se destinait ensuite à devenir journaliste, résume-t-il. Au nom des standards internationaux, on a dégradé la formation académique ».

Les pépites

Dans le maquis des formations, il existe pourtant des pépites que les recruteurs du privé ont parfaitement identifiées et qu'ils se sont appropriées. Il suffit pour le comprendre d'observer l'approche parfaitement huilée du Boston Consulting Group (BCG), grand cabinet de conseil en stratégie, pour recruter les diplômés du réputé master finance et stratégie de Sciences Po. Sur les 4 000 CV de jeunes diplômés qui lui arrive chaque année en France, le BCG n'en retient qu'une centaine. Au sein d'un « pool » soigneusement constitué depuis dix ans, autour de liens étroits avec les grandes écoles, ce cabinet présent dans 50 pays à travers une centaine de bureaux, recherche les perles rares. Le master finance et stratégie de la Rue Saint-Guillaume en fait partie, aux côtés des *business schools* les plus réputées, les HEC, Essec, ESCP, et de prestigieuses écoles d'ingénieurs comme Centrale. De Sciences Po, le cabinet reçoit chaque année une centaine de candidatures, et en retient quatre à huit. « Ce chiffre progresse car nous connaissons mieux l'école, explique Charlotte Polderman, directrice du recrutement au sein du BCG, basée en France. Nous avons travaillé avec la direction, les anciens et les élèves pour calibrer les profils ». Au programme, des ateliers et deux à trois cocktails par an, organisés au siège parisien du groupe, avenue de la grande Armée, dans le 16e arrondissement.

Sur le campus de Sciences Po, des cadres du groupe assurent des cours en méthodes de consulting et en « *sustainability* », ce secteur lié aux problématiques de transformation des entreprises face aux enjeux du développement durable. Les diplômés sont recrutés au même salaire que les autres écoles du « pool ». Salaire que le BCG ne dévoile pas. L'école de management de Sciences Po, qui abrite ce master, fournit quelques réponses sur ce point. Selon sa dernière enquête d'insertion, la rémunération annuelle brute des diplômés du master finance et stratégie se situe à 56 800 euros en moyenne, voire 71 800 si l'on inclut les primes, soit près de 6 000 euros par mois. Que pense le BCG du wokisme et des mobilisations propalestiniennes de l'an dernier ? « Nous n'avons pas d'avis sur le sujet. Nous ne nous intéressons pas à ce qu'il se passe à Sciences Po. Nous avons un process de recrutement fiable qui a fait ses preuves », explique-t-on. Le cabinet de conseil ne s'embarrasse pas de polémiques politiques, qui ne concernent visiblement pas les étudiants qu'il convoite.

Et si certains dirigeants s'en émeuvent, à titre personnel, le business, lui, poursuit imperturbablement son chemin.

« L'an dernier, la question de la remise en cause des partenariats avec Sciences Po s'est posée. La situation de l'école était compliquée et les boîtes réagissaient à chaud. Mais Schneider Electric est un groupe de long terme, qui ne donne pas des coups de volants dans tous les sens », explique pour sa part Dominique Laurent, DRH France de cette entreprise discrète, passée en 2024 devant Total sur la 4e marche du Cac 40, derrière LVMH, Hermès et L'Oréal. Son partenariat avec Sciences Po, scellé depuis plusieurs années, est parmi les plus importants noués avec les grandes écoles, de même ordre que ceux qui le lient à HEC et l'Institut polytechnique de Paris, ce regroupement comprenant l'X, les Ponts ou Telecom. Dominique Laurent raconte cependant avoir reçu récemment un courrier « très sérieux » d'une personne scandalisée d'avoir appris l'existence de ce partenariat. « Elle m'expliquait, en substance, que Sciences Po avait versé dans le wokisme et que nous étions complices », explique-t-il. Chaque année, Schneider Electric accueille des alternants et des diplômés de l'école, en finance, en *sustainability* et en ressources humaines, domaines dans lesquels son master est « une référence ». Les diplômés de ce master baptisé « RH et gouvernance durable » peuvent tabler, en moyenne, sur un salaire annuel brut de 48 500 euros. « Chez Schneider, ils sont recrutés au même prix que les grandes *business schools* comme HEC », précise ce DRH, ancien de l'école, où il a donné des cours pendant neuf ans.

Florent Bonaventure est le patron de l'école de management de Sciences Po, la troisième en taille, avec 1 200 étudiants. Il reconnaît avoir reçu « quelques appels » d'entreprises, après la polémique Gaza et les mobilisations propalestiniennes qui ont percuté l'école. « Il faut les rassurer, leur expliquer que l'école de management n'a pas changé. Mais les employeurs nous connaissent bien », se rassure-t-il, avant de citer, parmi les professeurs vacataires qui interviennent dans le master finance et stratégie, des personnes de Morgan Stanley, Barclays ou BNP Paribas. Quant au master Luxe, le dixième et dernier né de la gamme, il est « accompagné et soutenu par Chanel, Christian Louboutin, LVMH, Richemont et Saint Laurent ». Voilà qui impressionne, mais semble bien éloigné de l'univers de l'école fondée il y a plus de 150 ans, après Sedan, pour reconstruire les élites françaises. Florent Bonaventure précise que, dans l'école de management, les mobilisations de 2024 n'ont pas rencontré « un grand écho ». « Mes étudiants étaient plutôt furieux », explique-t-il. Certains élèves d'autres masters l'ont sans doute moins été. Car entre cette « *business school* » et d'autres écoles de Sciences Po, c'est le grand écart des aspirations professionnelles.

L'école de recherche compte 370 élèves et 300 doctorants en sciences politiques, en histoire, en sociologie ou en économie, qui se destinent à la fonction publique ou à la carrière d'enseignants. L'école des affaires internationales, la deuxième en termes d'effectifs, accueille une majorité d'étudiants étrangers (62 %) et abrite sept masters, de la sécurité internationale au fameux cursus droits humains et action humanitaire, souvent décrit lors des mobilisations propalestiniennes comme un foyer de militants. À sa sortie, près du quart des diplômés prend le chemin d'une ONG ou d'une organisation internationale.

Fonctionnaires de l'administration française ou européenne, collaborateurs parlementaires, diplomates, commissaires de police, enseignants-chercheurs, mais aussi consultants, analystes financiers, responsables RH, marketing, journalistes… Sciences Po se targue, depuis la révolution Descoings, d'osciller entre l'école d'administration, l'université de recherche et la *business school*, et fait valoir sa forte proportion de diplômés dans le secteur privé. Mais pour Nicolas Metzger, ancien directeur du conseil de l'IEP, et candidat recalé à la succession de Frédéric Mion, en 2021, il s'agit d'un trompe-l'œil. « En réalité, l'inflation de l'État créé beaucoup de places pour les diplômés de Sciences Po, explique-t-il. Il y a tout ce qui gravite autour de la fonction publique, les opérateurs de l'État, comme la Cnil (Commission nationale de l'informatique et des libertés), mais aussi la RSE qui, au sein des entreprises, s'apparente à du parapublic ». RSE ou « responsabilité sociale des entreprises ». Derrière ce sigle, les injonctions auxquelles sont aujourd'hui tenues les entreprises, en matière de gouvernance, de « bonnes pratiques » des affaires, de préoccupations environnementales, de conditions de travail, d'égalité femmes-hommes, de genre, de diversité, d'inclusion… Elles ont pour cela besoin de professionnels pour entrer dans les clous de la transformation qui s'impose en termes d'image.

« La puissance publique est donc très présente dans les entreprises. Elle y fait la pluie et le beau temps », estime Nicolas Metzger. Sur sa plaquette, Sciences Po précise d'ailleurs que 51 % des diplômés en activité ont « des missions qui intègrent les enjeux de responsabilité sociale et environnementale ». Aujourd'hui patron de l'entreprise Artefact, spécialisée dans l'intelligence artificielle, Nicolas Metzger, lui, ne recrute que peu d'élèves de la Rue Saint-Guillaume. « Je prends des ingénieurs, des HEC, des Essec, des ESCP… Quand j'embauche des Sciences Po, c'est qu'ils ont suivi une autre formation. C'est donc par incidence. Ce sont des commentateurs », assène-t-il. Ce diplômé de Polytechnique, qui a commencé sa carrière dans la finance, est passé par Sciences Po. « Quand on est trader, on connaît bien la finance, mais pas forcément les enjeux. On n'est pas toujours conscient que ce que l'on vend peut mettre la Grèce au tapis », résume l'ancien du secteur, qui a été le témoin de la crise des Subprimes.

La mort de l'Ena, la sœur aînée

Et que devient la haute fonction publique ? Elle fait moins rêver la jeunesse, tandis que l'École nationale d'administration (Ena), dont Sciences Po est historiquement l'antichambre, a disparu. En 2019, le Président Macron l'a sacrifiée sur l'autel de la protestation sociale des Gilets jaunes. Ou tout au moins son symbole, car l'école de formation des futurs grands serviteurs de l'État continue de vivre, sous le sigle, moins connoté, d'« INSP » pour « Institut national du service public ». Depuis ses origines, l'école de la Rue Saint-Guillaume pourvoit abondamment les rangs de la haute administration. En 1872, le choix du fondateur Émile Boutmy est de « faire en sorte que les deux carrières politiques de haut vol qui ont une si grande influence sur les destinées du pays, la diplomatie et la haute administration, trouvent à l'école cette préparation supérieure qui leur a toujours manqué ». Alors que le principe de concours pour intégrer la fonction publique va progressivement s'imposer sous la IIIe République, l'école se positionne. En 1935, sa brochure constate, triomphante, qu'elle monopolise les places aux différents concours qui donnent accès aux « grands corps » de l'appareil de l'État, de l'inspection des finances à la Cour des comptes, en passant par le Conseil d'État.

En 1945, son existence est menacée par la création de l'Ena. Le Général De Gaulle a l'ambition d'inventer une école publique qui formera un corps unique de hauts fonctionnaires entièrement dévoués à l'État. Elle recrutera sur un concours, lui aussi unique, pour faire vivre le mérite et mettre fin au corporatisme et au népotisme dont est accusé le précédent système. Sa première promotion sera baptisée « France combattante ». Après la Seconde Guerre mondiale, tout comme après la défaite de Sedan, les élites sont à nouveau sur la sellette. À l'époque, l'École libre des sciences politiques passe à deux doigts de la nationalisation. Un tour de passe-passe, avec la création de sa fondation privée (FNSP), en parallèle d'un institut, public lui, d'études politiques (IEP), lui permet de survivre. Et de se repositionner, en s'imposant comme l'incontournable préparation à l'Ena. Pendant une trentaine d'années, elle abritera d'ailleurs cette « grande sœur » dans ses locaux du 56 rue de Saints-Pères.

Mais les temps ont changé. En 1991, l'Ena s'est installée à Strasbourg, capitale européenne, et depuis le 1er janvier 2022, elle est officiellement devenue INSP, après moult tergiversations. En avril 2019, en pleine tourmente des Gilets jaunes, Emmanuel Macron a besoin d'une annonce choc pour montrer que le divorce entre la France et ses élites n'est pas consommé et qu'il prend à bras-le-corps le combat contre l'entre-soi. Il faut sélectionner des jeunes « à l'image de la société », affirme-t-il, et en finir, aussi, avec « la protection à vie » dont jouissent les énarques dans « les grands corps ». Le chef de l'État en sait quelque chose, puisqu'il est issu de l'Ena, comme quatre des six derniers présidents de la République. À sa sortie, il a intégré l'inspection des finances.

Ainsi rebaptisée, la nouvelle école annonce la couleur. Elle va recruter des profils « socialement, géographiquement et académiquement plus divers », elle qui, au fil de ses promotions, compte depuis trente ans 80 % d'enfants de cadres. Son nouveau concours s'est tenu en mars 2025. Aux côtés des traditionnelles épreuves de droit, d'économie et de questions contemporaines, est désormais proposé un « cas pratique » sur les enjeux liés aux transitions écologique et numérique. Son oral, lui, a supprimé les épreuves disciplinaires et table sur des « mises en situation ». Son poids est aussi plus important. Comme à Sciences Po, il s'agit de miser sur la « personnalité » des candidats. En parallèle, le quinquennat Macron s'est attaqué à la réforme de haute fonction publique. L'exécutif a poussé à la circulation entre les personnels du public et du privé. Il a aussi scellé la disparition de la majorité des « grands corps » de l'État, des finances, des diplomates ou encore des préfets, pour ne conserver que les corps juridictionnels centenaires du Conseil d'État et de la Cour des comptes. Jusqu'alors, les quinze meilleurs étudiants du classement de sortie de l'Ena, la « botte », pouvaient intégrer d'office ces grands corps qui étaient la promesse d'une carrière brillante et variée. La réforme de l'Ena a enterré ce classement, au motif que tout ne peut se jouer au regard d'une « simple note chiffrée ».

À l'avenir, les énarques pourront choisir d'intégrer les deux grands corps survivants, mais leur titularisation n'interviendra qu'après cinq ou six années d'« exercice sur le terrain », afin de « garantir davantage l'adéquation entre les compétences des élèves et les profils recherchés par les administrations », explique l'INSP sur son site. La promotion Joséphine Baker, sortie en 2024, est la dernière à avoir été classée. Ce n'est pas le cas de l'actuelle, baptisée « Gisèle Halimi », du nom de l'avocate icône de la lutte féministe. Depuis 1945, ces noms se font le miroir des grands enjeux qui traversent la société et des préoccupations des futures élites. Ils font d'ailleurs l'objet d'intenses débats et de longues délibérations internes. En 2025, la sélection d'une vingtaine de noms proposés ne comptait que six hommes, parmi lesquels l'intellectuel de droite Raymond Aron et l'essayiste Frantz Fanon, figure majeure de l'anticolonialisme. Dans la longue liste des femmes, se trouvaient la résistante Lucie Aubrac, la chimiste Irène Joliot-Curie ou encore les écrivaines George Sand, Simone de Beauvoir et Annie Ernaux.

Qu'est devenu le « service de l'État » ?

« Sans mon bon classement de sortie, je n'aurais jamais pu choisir le ministère de l'Intérieur, que les hommes avaient tendance à accaparer ! » déplore une ancienne préfète. Si ce classement était accusé de figer la carrière, il avait le mérite de faire de l'excellence académique une donnée incontournable et de se prémunir des phénomènes de cooptation. Mais on le sait, la France tergiverse sur la notion de mérite, car elle doit rendre des comptes en matière de diversité sociale. Sur ce point, l'ex-Ena est en phase avec Sciences Po. Comme par le passé, l'école de la Rue Saint-Guillaume continue d'alimenter allègrement les bancs de la formation des grands serviteurs de l'État. Au concours externe de l'INSP 2023, ses étudiants ont obtenu 38 des 46 places ouvertes. Le succès de sa prépa, proposée au sein de l'école d'affaires publiques, ne se dément pas. Cette école créée en 2015, héritière de la fameuse section « service public » reste la plus importante, à la fois en termes d'effectifs, avec près de 2 000 élèves, et de prestige. Installée au 56 rue des Saints-Pères, dans les anciens locaux de l'Ena, elle est à la fois l'ADN de Sciences Po et un élément de permanence.

Adossée à deux disciplines phares, le droit et l'économie, elle forme ses élèves à « la bonne compréhension des mécanismes de la décision publique », à travers ses deux masters, en politiques publiques et en affaires européennes. Ils ont la particularité d'être restés très franco-français, avec seulement 24 % d'internationaux. L'école abrite aussi un double diplôme réputé avec HEC en management public et privé. « En affaires publiques, les étudiants sont un peu différents de ce qu'est devenu Sciences Po. Ici, beaucoup se préparent aux grands concours régaliens. Et se tiennent soigneusement éloignés de toute agitation », explique un enseignant vacataire de la spécialité sécurité et défense. C'est l'une des plus prisées, surtout depuis la diffusion de la série *Le bureau des légendes*, qui a dévoilé quelques secrets de l'espionnage français. Les étudiants qui la suivent caressent le rêve d'intégrer la DGSE (Direction générale de la sécurité extérieure). Le concours ouvre cinq à dix places par an. Alors que le service de l'État semble avoir du plomb dans l'aile, l'école d'affaires publiques reste très attractive, avec une augmentation des candidatures de 10 à 15 % cette année. Mais à la sortie, ses diplômés s'orientent majoritairement, à 60 %, dans le privé, au sein de gros cabinets de conseil en politiques publiques, comme Capgemini, ou dans les pôles affaires publiques de grands groupes. Y a-t-il eu un « effet Gaza » ? « Non, personne n'a remis en question la qualité de nos étudiants, assure Anne-Célia Feutrie, directrice de l'école. En octobre 2024, lors de nos rencontres de l'emploi public, tous les ministères étaient présents, de l'Intérieur à l'écologie », ajoute-t-elle.

« Quand on voit des élèves qui veulent passer l'INSP, c'est presque bouleversant au regard de ce qu'est devenu le service public ! Préfet n'est plus un métier, ambassadeur non plus. Macron a tué le service public ! », lâche une professeure du master politiques publiques. Antoine, 19 ans, en première année sur le campus de Reims, fait partie de ces étudiants, avec une idée bien précise en tête. Le jeune homme venu d'un milieu rural populaire explique sans ciller qu'il veut « être conseiller d'État », avant de revenir, des étoiles dans les yeux, aux origines de l'école, « créée après la guerre de 1870 pour rebâtir les élites ». Mais les cinq années passées à Sciences Po sont souvent l'occasion de s'ouvrir à d'autres horizons, autrement plus rémunérateurs. « Ils rentrent pour faire l'Ena et les deux tiers vont finalement vers le privé », résume un professeur. Terminée l'époque où la « Prep-Ena » représentait le graal pour les meilleurs des meilleurs ?

« Force est de constater qu'un grand discours fondateur de ce que doit être l'État au XXIe siècle fait encore défaut ». Ce constat, c'est le président du jury 2024 de l'INSP, l'inspecteur des finances Jean-François Verdier, qui le fait. Entre les collectivités territoriales et l'Europe, et à l'heure de la transition écologique et numérique, il observe que « les missions d'un État, en ce premier quart du XXIe siècle, n'ont pas été suffisamment précisées ». Comment définir, alors, les compétences recherchées, les voies pour y parvenir et la formation qui sera délivrée ? En 2024, le jury faisait par ailleurs le constat, comme depuis plusieurs années, d'un « trop grand formatage » et d'une « quasi-robotisation » dans les réponses des candidats lors de l'oral. Un phénomène lié, selon lui, à « la grande homogénéité des organismes de préparation au concours », parmi lesquels domine Sciences Po Paris.

« La notion d'idée d'intérêt général se perd, observe pour sa part un préfet à la retraite. Sciences Po est une maison qui devrait donner des leçons sur le sujet, comme l'avait voulu le fondateur Émile Boutmy ». Mais en 2025, l'intérêt général n'a plus la même saveur et les hautes sphères politiques ont moins la cote.

« Quand je suis arrivé à Sciences Po, j'étais sûr que j'allais faire de la politique, se souvient Alexandre. Et puis j'ai vu que c'était un vrai panier de crabes ! Les étudiants qui, comme moi, ne sont pas Parisiens constatent rapidement que ce ne sont pas les plus méritants qui se destinent à la politique », ajoute ce diplômé de l'école de droit, qui prépare le barreau de New York. « Aux États-Unis, les salaires sont plus intéressants et le métier d'avocat y est mieux considéré », ajoute-t-il. « Jadis, les meilleurs embrassaient le service de l'État ou voulaient faire de la politique. Aujourd'hui, ils préfèrent les entreprises privées, les ONG et le secteur culturel, explique un professeur. Depuis dix ans, je constate que ce ne sont pas les meilleurs qui se destinent au monde politique. D'ailleurs, il n'y a plus de grands politiques ! » déplore-t-il avec nostalgie. Il faut dire que ces dernières années, les élites, si promptes à se donner en spectacle dans une société de l'image, ont étalé leur côté hors sol. Et se sont parfaitement décrédibilisées. On se souvient des « sans-dents », terme attribué à François Hollande par son ex-compagne, Valérie Trierweiler, dans le livre vengeur *Merci pour ce moment*, paru en 2014. Ou encore du « je traverse la rue et je vous trouve un travail », lancé en 2018 par le Président Macron à un jeune homme lors d'un déplacement. L'affaire Duhamel, elle, a dévoilé quelques petits secrets du Siècle, ce cénacle du pouvoir dont une immense partie de l'opinion ne soupçonnait pas l'existence jusqu'alors. Elle a aussi fait la démonstration d'un entre-soi tournant à plein régime. Quant à la promotion Senghor d'Emmanuel Macron à l'Ena, elle s'est fait remarquer par l'accès important de ses anciens à des postes clés de la République, plus encore que la promo Voltaire de François Hollande.

Chercheur au Cevipof spécialiste de la sociologie des élites et de l'État, Luc Rouban fait le constat d'une vaste transformation. « Le politique devient un job comme un autre », explique-t-il dans une interview au *Monde*, en octobre 2024. Il en veut pour preuve le nombre croissant de ministres venus d'écoles de commerce, aux dépens des énarques. De 13 % sous le gouvernement Édouard Philippe, ces diplômés de *business schools* sont passés à 19 % sous Castex, puis 24 % sous Borne, 28 % sous Attal et 36 % sous l'actuel gouvernement Bayrou. Parmi eux Jean-Noël Barrot aux Affaires étrangères et Éric Lombard à l'Économie, tous deux diplômés d'HEC. Dans les rangs des ministres de plein exercice, on ne compte qu'une énarque, Agnès Pannier-Runacher, à la transition écologique, qui a aussi fait HEC. Bruno Retailleau, le ministre de l'Intérieur, est passé par Sciences Po. À la Justice, Gérald Darmanin a fait l'IEP de Lille.

Dans le même temps, les énarques font, pour 20 % d'entre eux, des allers-retours entre le public et le privé. Ce fameux « pantouflage », qui permet de s'éloigner du service de l'État tout en se gardant une place au chaud, est incarné par des figures très en vue dans le monde des affaires et de la politique. À peine quatre ans après sa sortie de l'Ena, en 2004, Emmanuel Macron était parti « pantoufler » à la banque Rothschild, pour y devenir, à 32 ans, associé-gérant. Autres énarques, Frédéric Mion et Mathias Vicherat, venaient de Canal+ pour l'un et de Danone pour l'autre, avant de prendre la direction de Sciences Po. Le chercheur Luc Rouban conclut à « une accélération de l'indifférenciation entre des carrières mises au service de l'État ou bien du secteur privé ». Sciences Po est une parfaite illustration de ces mutations.

7.

La folie des grandeurs

Et le campus de Saint-Thomas fut… En janvier 2022, Sciences Po investit un espace de 14 000 m² au cœur de Saint-Germain-des-Prés, à deux pas de son siège historique du 27, rue Saint-Guillaume. Cette belle opération, à laquelle l'école travaille depuis plusieurs années, lui permet de libérer une dizaine de sites qu'elle louait jusqu'alors à prix d'or. Mais elle lui coûte aussi très cher. Pour 90 millions d'euros, elle a acquis l'« Hôtel de l'artillerie », un lieu classé au titre des monuments historiques, qui a accueilli au XVIIe siècle un noviciat dominicain, avant d'être réquisitionné pour la fabrication d'armes à la Révolution, et devenir ensuite une antenne du ministère de la Défense. À cette coquette somme, s'ajoutent quelque 100 millions pour financer la réhabilitation, qui est confiée à l'architecte Jean-Michel Wilmotte. Rien n'est trop beau pour Sciences Po.

Le « 1 Saint-Thomas ». C'est ainsi qu'est baptisé le campus flambant neuf, auquel on accède par la petite place cachée Saint-Thomas-d'Aquin, à côté de l'église du même nom, entre la rue du Bac et le boulevard

Saint-Germain. Un cloître, l'ancien potager du couvent des dominicains rebaptisé « jardin des savoirs », des salles de cours hybrides, des lieux pour accueillir des séminaires, des studios pour l'école de journalisme, une lumineuse bibliothèque, une cafétéria, des espaces végétalisés, et même un potager participatif. Ici, l'ancien et la modernité se côtoient à dessein. Pour un peu, on se croirait dans une université anglo-saxonne. Un « écrin », une « vitrine de luxe pour l'international », ou encore une « adresse de prestige », attractive pour les mécènes. C'est en ces termes que la presse se fait l'écho, lors de l'inauguration, de l'ère prometteuse qui semble s'ouvrir pour Sciences Po. L'école d'Émile Boutmy fête alors ses 150 ans. Frédéric Mion, démissionnaire en 2021 après l'affaire Duhamel, n'est plus là pour récolter les honneurs. Il est l'artisan de l'opération, financée par l'emprunt à hauteur de 160 millions d'euros, et sur fonds propres, pour 30 millions, grâce au mécénat. Dans l'acquisition de ce site détenu par le ministère de la Défense, l'énarque et conseiller d'État a su jouer de ses réseaux dans la haute administration. Il a aussi pu compter sur les services de Brigitte Taittinger, l'épouse de Jean-Pierre Jouyet, alors secrétaire général de l'Élysée, qu'il a recrutée en 2013 comme directrice du développement.

En 2016, grâce à un arbitrage favorable de Matignon, il l'emporte, pour 90 millions d'euros. Sans mise en concurrence. La vente s'est faite à prix cassé, selon un rapport confidentiel de la Cour des comptes. Bernard Arnault, le patron de LVMH et première fortune de France en offrait, semble-t-il, une somme supérieure de 30 %, pour en faire un hôtel de luxe. Dans son ambition d'expansion, Sciences Po a bénéficié du plein soutien de l'État et des collectivités. De la maire socialiste de Paris Anne Hidalgo à Rachida Dati, élue du 7e arrondissement, en passant par Valérie Pécresse, la présidente LR de la région Île-de-France, les pouvoirs publics ont largement facilité le projet grandiose. La Ville de Paris s'est portée garante de l'emprunt et la Région a allongé une subvention de deux millions d'euros. Du côté des mécènes, la grande campagne de levée de fonds de 100 millions d'euros, confiée en 2018 au patron de Carrefour Alexandre Bompard, a été poursuivie sous Mathias Vicherat. Le successeur de Frédéric Mion est parvenu à conclure en 2021 un partenariat de 25 millions sur dix ans avec le milliardaire américain Frank McCourt, propriétaire de l'Olympique de Marseille. Il a aussi obtenu un don de 3,7 millions sur trois ans de l'homme d'affaires Marc Ladreit de Lacharrière, parmi les plus grandes fortunes françaises.

À l'occasion de cette acquisition, Sciences Po s'est par ailleurs lancée dans le « *naming* », une pratique venue tout droit des États-Unis, qui permet à de généreux donateurs d'associer leurs noms à des espaces. À Saint-Thomas, on trouve ainsi la « cour René Seydoux », père de Jérôme et secrétaire général de l'école au début du XXe siècle, le « jardin Rachel Lambert Mellon », philanthrope américaine mécène des jardins de la Maison-Blanche, la « cour Ladreit de Lacharrière », ou encore l'« Institut McCourt ». En janvier 2022, Mathias Vicherat est enthousiaste. « Le 1 Saint-Thomas est bien plus qu'un lieu. Il dessine le nouveau visage de Sciences Po en tant qu'université de recherche de rang mondial, au cœur de Paris. Il va permettre à notre institution de continuer à se réinventer », s'emballe le directeur. À deux pas du café de Flore, des deux Magots et de la brasserie Lipp, le nouveau campus « incarne l'ouverture que Sciences Po cultive depuis ses origines », se félicite l'école, une ouverture « sociale », « sur la ville », « sur les idées nouvelles » et « sur l'international ». Mais derrière la belle vitrine, c'est une autre affaire qui se joue. Sciences Po doit rembourser son emprunt, tout en tenant un budget fragile. Les subventions publiques sont appelées à diminuer, tandis que les financements privés peinent à décoller et que les frais de scolarité ont atteint leurs limites.

Une crise de croissance programmée

Par-delà l'architecture et la mise en scène, le « 1 Saint-Thomas » est un symbole à lui tout seul. Celui d'une folie des grandeurs et d'une crise de croissance programmée une vingtaine d'années plus tôt, sous des cieux qu'aucun nuage ne semblait alors pouvoir assombrir. « Richard Descoings était notre meilleur VRP », estime avec nostalgie un ancien, qui enseigne aujourd'hui à l'école. Ce nouveau campus, c'est précisément l'aboutissement de l'œuvre du défunt directeur. « L'Hôtel de l'Artillerie, c'était le projet de Richard. Il voulait une vitrine attractive, capable de faire venir en France ces étudiants chinois qui veulent voir la Tour Eiffel », résume un professeur, qui fut proche de l'ancien directeur. En dépit des contraintes budgétaires et d'espace liées à la situation parisienne, Richard Descoings se refuse à suivre le mouvement des grandes écoles en périphérie de la capitale. Dans les années 1970, HEC est partie s'installer à Jouy-en-Josas, tandis que Polytechnique a déménagé sur le plateau de Saclay, un pôle scientifique et technologique de pointe, qui rassemble aujourd'hui la crème des écoles d'ingénieurs. Mais pour Sciences Po, université de sciences humaines et sociales, Descoings rêve d'un campus au cœur de la Cité, à l'image des grandes universités mondiales, telles Columbia à New York, la LSE à Londres ou la Freie Universität à Berlin. Même s'il ne dispose pas de moyens comparables. À l'époque déjà, il a identifié le site de Saint-Thomas.

L'ouvrage *Sciences Po, le roman vrai*, paru en 2022 pour célébrer glorieusement les 150 ans de l'école, décrit, en des termes choisis, cette « colonisation silencieuse de la Rue Saint-Guillaume autour de la maison mère du 27 » à l'œuvre depuis la fin du XIXe siècle, faite d'« annexions », jusqu'à la « prise de possession » de l'hôtel de l'Artillerie en 2016. Et encense ce choix de « fidélité au campus germanopratin ». Le nouveau campus est aussi une réponse à la stratégie de croissance tous azimuts, orchestrée par Richard Descoings pour hisser l'école dans les classements mondiaux. Dans les années 2000, il se saisit de tous les moyens qui permettront la réalisation de ses bouillonnants projets. Au risque de laisser à ses successeurs une ardoise salée. La fièvre s'empare de l'institution. « Sciences Po n'est pas soumise aux mêmes contraintes que des écoles telles que l'Ena, sous tutelle du Premier ministre ou Polytechnique, sous celle du ministère de la Défense. À l'exception des thèses, elle ne délivre pas de diplôme d'État. Donc, en gros, on fait ce qu'on veut ! » explique un historique de la maison. « Richard a exploité au maximum cette souplesse, en créant des écoles, des centres de recherche, en passant la scolarité à cinq ans, en internationalisant… Mais force est de constater qu'avec autant de souplesse, nous n'avons pas toujours été à la hauteur », ajoute-t-il.

« Tout a triplé en 20 ans », répètent invariablement les successeurs, qui peinent à éponger l'afflux d'étudiants, à accroître le corps professoral, à débaucher des pointures à l'international, tout en faisant suivre le budget. « Avec 15 000 élèves, on est coincés ! C'est un voyage sans retour », estime un professeur. Pour pouvoir les accueillir, il faut pousser les murs. Et pour financer cette expansion immobilière, il faut grossir les effectifs, et avec eux, les revenus issus des frais de scolarité. Un cercle vicieux. À moins que de nouvelles ressources ne tombent du ciel.

En 25 ans, le budget de l'école a plus que quadruplé. En 2024, il a atteint 236 millions d'euros, avec un résultat positif de 4 millions. « 236 millions pour 15 000 étudiants, c'est beaucoup, relève Pierre Mathiot, ancien directeur de l'IEP lillois, qui fait une comparaison éclairante avec le monde universitaire. La fac de Lille, c'est 750 millions pour 80 000 étudiants. Sciences Po a les avantages du public et du privé ». En tant qu'établissement public, l'école reçoit une dotation de l'État. Celle-ci continue de progresser, mais de plus en plus lentement. De 36 millions d'euros en 2000, elle est montée à 63 en 2010, puis à 75 en 2024. Sa part au sein du budget, elle, a drastiquement baissé. Alors qu'elle représentait les deux tiers des ressources il y a 25 ans, elle n'en pèse plus qu'un tiers. Dans un contexte de crise des finances publiques, la situation ne promet pas de s'arranger. Surtout si Sciences Po renvoie l'image d'une institution foulant aux pieds les valeurs de la République.

Après l'affaire de l'« amphi Gaza », en avril 2024, le Premier ministre Gabriel Attal avait agité la menace de fermeture des vannes de l'argent public. « On ne peut plus organiser, me dit-on, un débat démocratique à Sciences Po sans devoir prévenir la préfecture de police (…). C'est quand même un problème », constatait-il solennellement lors de sa venue impromptue dans une réunion de direction de l'école. Il affirmait qu'il y aurait désormais un « lien immédiat » entre les subventions et le respect des principes républicains. À droite, l'eurodéputé François-Xavier Bellamy avait réclamé l'arrêt des financements à l'école « devenue le lieu d'un entrisme, mélange de gauchisme et d'islamisme, qui légitime des propos antisémites et des actes de violence ». Manuel Valls, ex-socialiste passé dans le camp macroniste, appelait, lui, à une mise sous tutelle. La présidente LR de la région Île-de-France entrait aussi en scène, en annonçant suspendre sa subvention annuelle, dans l'attente d'un retour à l'ordre. Et dans le sud de la France, le président de la région Provence-Alpes-Côte-d'Azur Renaud Muselier avait aussi suspendu ses 70 000 euros annuels. « L'implantation de Sciences Po à Menton a amené sur notre territoire une jeunesse méditerranéenne de haut niveau. Mais nous n'avons pas envie d'avoir une poche d'activisme séparatiste importée du Moyen-Orient », explique-t-on dans son entourage, où l'on ajoute que la tendance actuelle n'est pas vraiment à l'augmentation des financements publics. C'est le cas pour l'ensemble des campus de région, pour lesquels les collectivités sont appelées à mettre la main à la pâte.

Au-delà des gesticulations politiques, les temps sont durs pour ces antennes délocalisées. C'est Richard

Descoings qui les avait imaginées dans les années 2000, pour désengorger le site parisien et attirer davantage d'étudiants français et étrangers. L'objectif était aussi de diversifier les sources de financement. À l'époque, le patron de Sciences Po avait joué de ses relations pour obtenir des collectivités la mise à disposition gratuite de locaux et une participation au financement. Le premier campus a ouvert à Nancy en 2000, rapidement suivi de Dijon et Poitiers, puis Menton et Le Havre et, enfin, Reims en 2009. Au total, près de 3 100 étudiants, pour moitié étrangers, y suivent leur cursus, contre 12 000 dans la capitale. Pour le grand public, ces six antennes délocalisées prêtent à confusion. Entre elles et les dix IEP de régions, progressivement créés depuis 1945 à Lille, Strasbourg, Grenoble ou encore Saint-Germain-en-Laye, sur le modèle de Sciences Po Paris et rattachés aux universités, on ne s'y retrouve pas forcément. Et c'est parfois la déception lorsque, reçus à Sciences Po Paris, les lycéens atterrissent finalement en région pour y faire leur bachelor.

Si le campus de Reims, avec ses 1 600 étudiants, se porte bien, les autres, qui n'en comptent pas plus de 400, sont moins dynamiques. La vie universitaire n'y est pas trépidante. « Ce sont comme des soucoupes volantes posées sur un territoire, estime un connaisseur de l'école. Ils se sont peu ouverts sur la vie locale et vivent en autarcie, avec parfois des problématiques de harcèlement », observe-t-il. Si ces campus proposent, sur le papier, le même socle de formation, l'émulation pédagogique et intellectuelle est moins forte que dans la capitale. Certains professeurs parisiens rechignent à faire le trajet et optent pour le distanciel, surtout lorsqu'il s'agit d'aller à Menton, à sept heures de train. À l'arrivée, un élève du campus mentonnais coûte 1 000 euros de plus qu'ailleurs. « Dans les antennes régionales, on a des profs TGV et des enseignants locaux, recrutés à la fac ou venus de classes prépas, poursuit le même interlocuteur. Mais ce qui fait Sciences Po, ce sont ses conférences, sa capacité à attirer d'anciens présidents de la République ! Et pour cela, il faut être dans les beaux quartiers ». Il constate que ces campus ne s'autosuffisent plus et qu'« au mieux, les aides publiques plafonnent ».

Les financements des collectivités et de l'État se tarissent. « Forcément, on s'y prépare, explique une figure de l'école. Aujourd'hui, le défi est de maintenir l'équilibre entre nos trois ressources : les subventions publiques, les frais de scolarité et les financements issus de la recherche et des entreprises ». Sciences Po doit donc mettre un coup d'accélérateur sur les partenariats, les levées de fonds et le mécénat. Des entrées qui, mises bout à bout représentaient 20 % du budget 2024 (soit 45 millions d'euros). Mais dans un pays comme la France, qui n'a pas en la matière les mêmes habitudes que les pays anglo-saxons, ces ressources sont par essence fragiles. Et les crises successives, qu'elles soient liées aux vacances répétées du pouvoir ou à l'agitation étudiante, ne favorisent pas leur stabilité. « Il existe une vraie pression des élèves sur les accords passés avec les entreprises, parmi lesquelles certaines représentent le grand Satan ! s'inquiète un élu du conseil de la vie étudiante et de la formation. Et puis il y a eu un avant et un après-Gaza », lâche-t-il, selon la formule consacrée. Si le budget se maintient pour l'heure, il est urgent d'agir pour ne pas se retrouver « d'ici deux ans face au mur de la dette », ajoute-t-il.

À l'été 2024, l'agence financière américaine Fitch a relevé à A+ la note de l'institution. Mais pour financer son luxueux écrin, Sciences Po s'est endettée sur trente ans et débourse annuellement 8 millions d'euros. En septembre 2024, dans un rapport consacré à l'école, le Hcéres, l'autorité publique chargée d'évaluer les établissements de l'enseignement supérieur, pointe une « forte contrainte à moyen terme », en raison d'une capacité d'emprunt désormais limitée. Exception faite du campus Saint-Thomas, le « patrimoine immobilier vieillissant » pourrait bien devenir « un frein » au développement, notamment pour recruter des étudiants et proposer de la formation continue, explique-t-elle. Parmi ses recommandations, l'instance préconise d'« établir rapidement une trajectoire financière claire, en tenant compte du contexte de rigueur budgétaire de l'État ». Elle souligne que Sciences Po est fragilisée par « une surexposition médiatique » alimentée par la valse de ses directeurs. Au passage, elle s'interroge sur la « pertinence » du modèle de gouvernance, et constate, perplexe, un art certain de la « comitologie ». Elle a relevé pas moins de huit instances, sans pouvoir en « mesurer clairement l'efficacité ». C'est en usant du même euphémisme qu'elle évoque enfin les difficultés à « faire vivre en interne les débats sur les questions politiques sensibles ».

Mais où sont les mécènes ?

« Ici, on est logés comme des princes », sourit un enseignant-chercheur du Cevipof, confortablement installé dans son bureau ensoleillé du 1 Saint-Thomas. Dans les couloirs flambant neufs du prestigieux centre de recherche, l'histoire politique récente de la vie française se déroule, à travers des photos suspendues aux murs, du noir et blanc de la Libération de Paris à ces jeunes brandissant le message rouge et noir « Non au F-Haine » adressé à Jean-Marie Le Pen 2002, en passant par les barricades de 68, les grèves de 95 contre le « plan Juppé » sur les retraites, ou cette manifestation de 2004 s'opposant à la loi sur l'interdiction des symboles religieux à l'école. Des fenêtres de cet enseignant, on aperçoit le joli jardin agrémenté de gradins, où discutent quelques groupes d'étudiants. En cette journée de janvier 2025, l'école organise une journée portes ouvertes pour les futurs candidats. En surplomb, un bâtiment de trois étages aux grandes baies vitrées affiche la marque « Sciences Po ». Ce « pavillon de l'innovation », officiellement dédié à l'entrepreneuriat, au numérique et l'intelligence artificielle, a surtout une fonction de représentation. Jusque très récemment, on pouvait y lire « Institut McCourt ». Mais le milliardaire américain, engagé en 2021 aux côtés de l'école pour financer des projets de recherche, a jeté l'éponge. Ses versements ont été suspendus à l'été 2024, à l'issue d'une année mouvementée. La fin de cette juteuse alliance n'a pas été tant motivée par les mobilisations étudiantes, que par la gouvernance instable. En trois ans, Frank McCourt, a vu passé deux directeurs, Frédéric Mion puis Mathias Vicherat et un administrateur provisoire. Trop pour l'Américain.

Au sud du boulevard Saint-Germain, les six adresses situées autour du site historique de la rue Saint-Guillaume restent le cœur de la machine. Leurs bâtiments accueillent près des deux tiers des espaces pédagogiques, soit environ 3 000 places. Au nord, le 1 Saint-Thomas peut recevoir jusqu'à 10 000 personnes. Il s'adresse en priorité aux élèves de master. Et semble plaire aux étudiants étrangers, visiblement moins sensibles que les Français au charme désuet de l'amphi Boutmy. « Quand on vient des États-Unis, on est très surpris par le manque d'espace et de modernité », explique Scott, étudiant américain venu faire son master à Sciences Po. Après une première année essentiellement passée Rue Saint-Guillaume, il a été soulagé de rejoindre le campus Saint-Thomas.

En 2024, au moment des mobilisations propalestiniennes, de nombreux cours y ont été délocalisés, loin des caméras. Mais le site n'a pas été totalement épargné par les blocages. C'est même ici, sur les gradins du jardin, que des militants avaient dressé des tentes en avril 2024, avant d'être évacués par la police. Autour de ce jardin de la cour Ladreit de Lacharrière, foyer central du campus, sont installées les écoles de management, de journalisme et d'urbanisme, ainsi que les neuf centres de recherche de l'école. Un cadre là encore très apprécié par les internationaux. « Pour un chercheur américain ou allemand, il est inconcevable de ne pas avoir un bureau décent », résume un professeur de l'école d'affaires publiques, qui est restée installée, comme les écoles d'affaires internationales et de droit, au 13 rue de l'Université. Le site est désormais relié au campus Saint-Thomas par une majestueuse traversée. Si tous ces espaces en imposent, ils semblent un peu trop calmes. « Il faut prendre possession des lieux », poursuit le même professeur. « Oui, c'est un peu vide, constate un autre. Beaucoup de chercheurs font du télétravail ». Quand ils ne sont pas occupés à accrocher des banderoles de soutien à Gaza, comme ce fut le cas en 2024.

Voilà de quoi refroidir les mécènes. On se souvient qu'en avril 2024, alors que l'administrateur provisoire avait convié à la table des négociations les militants du Comité Palestine, la famille du grand économiste Jean-Paul Fitoussi avait suspendu sa bourse à des travaux de recherche dans le champ de la théorie et de la politique économiques. « Sciences Po semble adopter une approche de négociation avec des élèves qui, par leurs actions, soutiennent des idéologies appelant à la disparition d'Israël (…). Nous ne pouvons accepter que le nom de notre famille soit associé à une institution qui semble cautionner l'exclusion et la discrimination », écrivait sévèrement David Fitoussi. « Pinault a beaucoup financé Saint-Thomas, sans rien demander en contrepartie. Peut-être pour emmerder Bernard Arnault qui voulait acquérir l'Hôtel de l'Artillerie… Mais globalement, nous n'avons jamais eu de gros dons. 50 millions, ça doit être le montant maximum, explique pour sa part un homme de l'ombre à Sciences Po, qui connaît l'école comme sa poche. Le mécénat, c'est long, et c'est très fragile, surtout en France et surtout avec des étudiants qui expliquent que Total ou BNP sont des salauds ! » ajoute-t-il.

L'année 2022 avait vu naître dans les grandes écoles, d'AgroParisTech à HEC, le mouvement des « bifurqueurs ». Des étudiants qui, non contents d'embrasser les belles carrières tracées par leurs institutions, décidaient de dire non au capitalisme, pour s'engager dans des voies altermondialistes et « décroissantistes ». Ils l'avaient fait savoir à grand bruit, en utilisant leurs cérémonies de remises de diplômes comme des tribunes d'expression. Au sein de la très élitiste école Polytechnique, un petit collectif d'étudiants et de jeunes diplômés flirtant avec LFI avait obtenu, en janvier 2023, après six mois de mobilisation, l'abandon du projet d'installation de LVMH sur le campus de Saclay. Le groupe de Bernard Arnault voulait y implanter un centre de recherche sur le luxe durable. Un an plus tôt, ce même collectif militant avait obtenu le renoncement de TotalEnergies.

Dans cette contestation des entreprises qualifiées de « climaticides », venue de jeunes élites nourries aux rapports du Giec (Groupe d'experts intergouvernemental sur l'évolution du climat), les élèves de Sciences Po ont été précurseurs, une fois de plus. Dès 2018, son collectif Zéro Fossile et son syndicat Unef avaient exigé la fin du partenariat avec le même Total. Une alliance ancienne, remontant au début des années 2000, lorsque Richard Descoings avait donné le top départ de l'ouverture sociale. Le groupe pétrolier avait contribué au financement des bourses pour les lycéens venus de milieux défavorisés. Au fil des années, les liens s'étaient renforcés, via des bourses d'excellence pour les étudiants internationaux ou encore un soutien à un centre de recherche de l'école. Au total, 200 000 euros par an. Las, en 2022, ce partenariat vieux de 20 ans, n'avait pas été reconduit, en toute discrétion, pour ne pas effrayer d'autres entreprises. « Une victoire », s'étaient félicité ses détracteurs, qui ont aujourd'hui dans leur viseur des groupes comme MasterCard, Coca-Cola et de grandes banques françaises. « Les écoles de management les plus cotées se construisent sur des appels récurrents à la participation des entreprises, sans que cela ne dérange personne. La création d'une chaire sur le réchauffement climatique avec EDF ou Total ne suscite pas de blocages ! Mais Sciences Po est une école politique, commente un ancien candidat à la direction de l'institution, qui connaît bien le dossier. Les étudiants ont un droit de regard, et la charte sur les financements privés rédigée par l'école élimine de facto un certain nombre d'entreprises », affirme-t-il.

Du côté de Sciences Po Alumni, l'association des anciens, l'année 2024 a eu de lourdes conséquences. « Quand un alumni n'est pas content, il rend sa carte. Nous sommes des variables d'ajustement, explique le politologue Pascal Perrineau, qui préside cette association depuis près de dix ans. À chaque crise, nous perdons ». Entre la mort brutale de Richard Descoings, l'affaire Duhamel, le départ précipité de Mathias Vicherat et la crise de l'année 2024 liée au conflit israélo-palestinien, « plusieurs milliers » de membres auraient mis fin à leur adhésion. On peut trouver parmi eux de grands comme de petits donateurs, ces derniers s'acquittant de sommes allant de 500 à 10 000 euros. Depuis 2018, l'association

Claude Érignac organise avec Sciences Po un prix pour perpétuer la mémoire du préfet assassiné. Il récompense, à hauteur de 5 000 euros, un projet étudiant porteur de valeurs républicaines et humanistes. Mais en 2025, le prix n'a pas eu lieu.

Comme l'observateur lambda, ils sont nombreux, parmi les anciens, à percevoir leur école sous le prisme des médias et à ne pas se reconnaître dans les valeurs renvoyées. Chez ces déçus, on convoque tout à la fois la suppression du concours, les lycées privés blacklistés, la conférence de l'insoumis Mélenchon Rue Saint-Guillaume, ou encore l'affaire de cette professeure de danse démissionnaire après son refus de renoncer aux termes « homme » et « femme » dans son cours. Et quand des invités de marque font le déplacement à la traditionnelle Garden party, à l'été 2024, ils tombent nez à nez avec une poignée de militants du Comité Palestine les accusant de « complicité » avec le « génocide à Gaza ». « Nous ne sommes pas suffisamment représentés dans les instances de décision, regrette un ex-administrateur de Sciences Po Alumni, qui reste très attaché à son école. Les anciens sont trop éloignés de la vie de l'institution ». Pourtant, avec quelque 90 000 diplômés répartis à travers le monde sur des postes à responsabilité, ces anciens pourraient constituer un réseau de poids, avec son mot à dire. Mais ils ne sont aujourd'hui que 6 000 à adhérer à l'association. « Oui, il y a quelque chose à faire du côté des alumni, concède un membre de la direction. Très peu d'anciens payent leur cotisation. Nous n'avons pas de fichier ». On est loin de la force de frappe des réseaux de grandes universités américaines, ou même de *business schools* françaises. « Sciences Po étant une école publique, la culture de reverser et de rendre à son institution est très peu développée », estime un professeur. Elle existe cependant à la marge.

Jean-Baptiste Wautier, qui gravite depuis 1996 dans les sphères de la finance à Londres, en est un exemple parfait, mais assez unique. À 55 ans, il garde un souvenir intact de son parcours d'élève au lycée Bergson dans le 19e arrondissement parisien, puis d'étudiant en maths appliquées à l'université de Villetaneuse, avant de rejoindre, comme par miracle, la section service public de l'école. « En me donnant les clés pour naviguer dans le monde professionnel et personnel, Sciences Po m'a offert le plus grand des cadeaux. Dès que j'ai pu, j'ai rendu. Au fur et à mesure de mes moyens, j'ai donné de plus en plus », raconte-t-il. Après les « gros chèques », qui permettent de « se donner bonne conscience », il a mis en place, en 2023, un programme d'accompagnement des élèves venus des conventions éducation prioritaire. « Ces étudiants sont très souvent atteints du syndrome de l'imposteur. Ils ont besoin de pairs qui ont vécu la même chose. Mais je suis le seul à le faire et ça me désespère ! lâche-t-il. La majorité des personnes venues, comme moi, d'un milieu défavorisé préfèrent occulter cet aspect, par honte ou par revanche ».

Au-delà des perceptions, le mécénat porte bien les stigmates de la crise de l'année 2024. Il a accusé une baisse de 9 % par rapport à 2023. Mais si l'on regarde de plus près le budget de l'école, force est de constater que ces dons, si souvent évoqués, ne sont qu'une goutte d'eau. Avec 4,8 millions pour le mécénat d'entreprises et 2 millions pour celui des particuliers, ils ne représentent que 2,8 % du budget total, et 4,2 % des ressources dites « propres ». Ces ressources, qui mettent de côté la subvention de l'État, s'élevaient à près de 162 millions en 2024. Elles sont essentiellement alimentées par les frais de scolarité, suivis des appels à projet nationaux et européens et autres financements institutionnels. Manne potentiellement importante, la formation continue atteint aujourd'hui 13 millions. Bien loin des 80 millions récoltés à HEC par ce biais. Sciences Po a donc d'importantes marges de progression pour attirer et former des dirigeants en activité. À chaque changement de directeurs, les candidats à la succession, se font fort, dans leurs projets pour l'école, d'activer ce prometteur levier. Mais le savoir-faire dans le domaine reste à construire. « L'école a prévu de doubler son offre d'ici 2028, mais si l'on se contente de former des chefs de rayons chez Zara, le produit peut altérer l'image », estime l'un de ces anciens candidats. « Pendant longtemps, Sciences Po a regardé la formation continue avec beaucoup de prétention, n'y voyant qu'un truc d'épicier, résume une voix en interne. Nous avons mis du temps à comprendre ». Il y a deux ans, l'école a recruté le patron des programmes MBA de HEC, pour développer son « Executive Formation ».

L'envolée des frais de scolarité

Quid des dépenses de Sciences Po ? En 2024, elles s'élevaient à 232 millions. Comme dans tout établissement de l'enseignement supérieur, elles sont essentiellement absorbées par les salaires des personnels, à hauteur de 60 %. Mais l'institution présente là encore une particularité, qu'elle doit, une fois de plus, à Richard Descoings. L'ancien directeur avait instauré, par le biais d'une convention collective des plus avantageuses, une hausse salariale automatique de 6 % par an pour les personnels administratifs et les professeurs rémunérés par la fondation privée de Sciences Po (FNSP). Une générosité qui a pour conséquence une inflation continue de la masse salariale. Si la mécanique a été revue à la baisse au fil des années (+ 3 % aujourd'hui), ses successeurs n'ont que peu de prise sur ce poste de dépenses, qui enfle inexorablement. Entre 2023 et 2024, les dépenses liées aux personnels administratifs ont ainsi augmenté de 4 millions. Dans son récent rapport sur Sciences Po, rendu en avril 2025, la Cour des comptes a sévèrement pointé cette contrainte financière majeure.

Pour les personnels, c'est une aubaine. Que l'on soit enseignant ou administratif, il fait bon travailler à Sciences Po. Toutes catégories confondues, on y touche en moyenne 4 420 euros brut par mois, et jusqu'à 5 000 si l'on est cadre. Au sein du corps professoral, les salaires sont très variables, en raison de la multitude de statuts et de rattachements, que ce soit l'université, le CNRS ou la FNSP. Un éventail opaque, qui alimente les jalousies. « Les professeurs recrutés par la FNSP ont des contrats de droit privé. Ils négocient en direct », explique un « simple » professeur d'université. Lequel arrive, en fin de carrière, à 5 000 euros nets. Une rémunération à laquelle peuvent prétendre des quadragénaires venus de disciplines qui ont le vent en poupe, comme l'économie. « Certains profs qui travaillent ici depuis longtemps sont très bien payés. Parfois comme le directeur », rapporte un élu du conseil de l'IEP. Aujourd'hui, le directeur de Sciences Po touche 200 000 euros bruts par an. On est loin de la grande époque où Richard Descoings s'attribuait 537 000 euros et distribuait des primes, mais ce salaire reste supérieur de 23 % à celui d'un président d'université.

À Sciences Po, grande championne de l'ouverture sociale, les aides et bourses représentent 6 % des dépenses. Indubitablement, l'école a mis les moyens. On le sait, elle compte près de 30 % de boursiers. L'institution complète automatiquement les bourses sur critères sociaux à hauteur de 75 %. Par ailleurs, 35 % de ses étudiants sont exonérés totalement ou partiellement des frais d'inscription. Le résultat d'une politique de redistribution mise en place par Richard Descoings qui, en 2004, avait instauré une modulation des frais en fonction des revenus des parents. « C'est pas Robin des Bois, mais presque », glisse un homme de la maison, qui a accompagné l'ancien directeur dans toutes ses expérimentations. « Ce n'est qu'après sept ans à la tête de l'établissement que j'ai pensé pouvoir ouvrir, avec quelque chance de réussite, un vrai débat sur les avantages et les inconvénients d'une augmentation modulée des droits de scolarité », écrivait Richard Descoings dans son ouvrage publié en 2007. Il se félicitait d'avoir ainsi pu dégager « un produit supplémentaire de 2,2 millions d'euros ». Mais vingt ans plus tard, le système montre ses limites. Les frais de scolarité sont montés en flèche et il ne semble plus envisageable de les augmenter davantage.

En bachelor, ils peuvent atteindre 14 720 euros par an, et en master 20 380 euros. Si pour les étudiants français et européens, ces frais sont modulés en fonction des moyens, les étudiants étrangers non européens payent systématiquement le maximum. On est très loin des 80 000 dollars annuels d'Harvard et c'est un peu moins que les 33 500 euros de la LSE à Londres, mais les montants sont désormais proches de ceux de la Bocconi à Milan ou de *business schools* françaises. D'années en années, les successeurs de Richard Descoings ont allègrement exploité le filon des frais de scolarité, suscitant une forte contestation dans les rangs des syndicats étudiants. Comme candidat à la direction de Sciences Po, Mathias Vicherat s'était engagé à ne pas y toucher, avant d'oublier sa belle promesse, une fois assis dans le fauteuil de patron. En seulement deux ans passés à l'école, il les a rehaussés de 11 %. L'inflation ne lui a pas laissé d'autre choix. Preuve que les marges de manœuvre financières de l'institution en sont totalement dépendantes. L'actuel directeur, Luis Vassy, a affirmé qu'il ne les augmenterait pas. Mais cette décision inquiète déjà les administrateurs de la FNSP.

En 2024, les frais supportés par les étudiants ont rapporté 82 millions d'euros à Sciences Po, soit près de 35 % de son budget total et 50 % de ses ressources propres. « Le modèle économique est fragile. La seule ressource sûre, ce sont ces frais. Mais ils ont des conséquences sur l'offre pédagogique. L'école est obligée de tenir une forte proportion d'étudiants non européens et se place dans une logique de rapport à des “clients”, comme les écoles de commerce », estime un connaisseur du dossier. Les voix les plus rassurantes expliquent que l'on est « encore loin de la LSE, où les frais représentent 80 % du budget », ou encore que « pour les Américains, les Canadiens ou les Chinois, ce n'est rien ». Mais les années Covid, qui ont vu les enseignements passer en distanciel, et les blocages de l'année 2024, qui ont perturbé les cours, ont laissé un goût amer chez ces « étudiants-clients ». « Ce n'est un secret pour personne que Sciences Po a un problème économique. J'ai compris qu'elle s'était beaucoup endettée et que c'étaient principalement les étudiants étrangers qui payaient », explique Scott, qui s'est acquitté du maximum pour son master, tout comme sa petite amie chinoise. Si beaucoup d'élèves étrangers ont « des parents riches », ce n'est pas le cas de cet Américain venu d'Alabama, qui a financé sa scolarité grâce à ses économies et l'héritage de son grand-père. De son point de vue, Sciences Po est « une université privée élitiste ». « Je n'ai pas compris la politique de l'école vis-à-vis des blocages, poursuit-il. Les cours ont été annulés au moment des partiels, sans aucun rattrapage. On paye des frais élevés, et des étudiants qui payent la moitié paralysent un campus, au nom d'un conflit au Proche-Orient… »

Ces frais de scolarité sont-ils justifiés ? L'école aime à se comparer aux meilleurs établissements mondiaux et se rêve en « Harvard à la française ». Mais elle reste handicapée par sa petite taille, son implantation française, son périmètre réduit à cinq disciplines (les sciences politiques, l'économie, l'histoire, le droit et la sociologie) et son insuffisante activité de recherche. « Sciences Po n'a développé ses activités scientifiques que dans cinq domaines et ceux-ci exclusivement dans les sciences humaines et sociales. Très peu d'universités de rang international ont un périmètre aussi limité », écrivait en 2007 Richard Descoings, semblant présenter cette spécificité comme une force : « Le cas le plus analogue est celui de la London School of Economics », précisait-il, en invitant à la comparaison. Mais c'est oublier que la prestigieuse université anglaise forme aussi aux mathématiques appliquées ou à l'anthropologie. Dans l'ouvrage *Sciences Po, le roman vrai*, l'historienne et enseignante à l'école Marie Scot reconnaît que l'institution ne peut « rivaliser avec les universités omnidisciplinaires anglophones peuplées de prix Nobel et de médailles Fields », et regrette que les classements internationaux rendent « partiellement justice aux efforts entrepris par Sciences Po ».

Que disent ces « *rankings* », dont les étudiants sont si friands ? Le « QS World University Rankings » est l'un des trois classements de référence, avec ceux de Shanghai et du Times Higher Education. En 2025, l'école s'est hissée sur la 4e marche du podium, dans la catégorie « sciences politiques », derrière Harvard, Oxford et Princeton. Elle arrive 17e en « politique sociale et administration » et 33e en sociologie. « Dans le champ des sciences humaines et sociales, elle figure parmi les établissements français positionnés à l'international. Après ce n'est pas le Real de Madrid ! » ricane une mauvaise langue, qui décrit « une PME franchouillarde ». Toutes disciplines confondues, dans un classement général dominé par le MIT, l'Imperial

College, Oxford, Harvard, Cambridge et Stanford, elle n'apparaît qu'en 350e position. Quand des établissements français tels que PSL Université (Paris Sciences et Lettres), Polytechnique ou Sorbonne Université s'imposent dans le top 100. Et si l'on interroge un étudiant américain sur les établissements hexagonaux réputés, il évoquera invariablement « La Sorbonne ». Il ne citera Sciences Po que si son université a noué un partenariat avec elle.

Si elle prétend l'être, Sciences Po n'est pas une université. Son taux d'enseignants-chercheurs reste faible et ne permet pas une organisation de la recherche à la hauteur de l'ambition affichée. Celle-ci consiste à « devenir d'ici 2030 la première université de l'Union européenne en sciences sociales », rappelle le Hcéres. Pour atteindre la stature d'une université de recherche internationale, l'autorité publique d'évaluation recommande à l'école de mieux sélectionner ses partenariats, afin de renforcer la place de la recherche et d'intégrer, au-delà de ses disciplines traditionnelles, « les sciences physiques et biomédicales ». Elle lui suggère aussi de « renforcer son taux d'enseignants-chercheurs au sein de la faculté permanente ». Ces derniers ne sont que 300 sur un total de 4 600 professeurs. Des préconisations qui invitent l'institution à la schizophrénie. Car le modèle, l'originalité et la force de Sciences Po reposent justement sur ses importantes troupes de professeurs vacataires venus d'horizons multiples.

« Oui, il faudrait davantage de chercheurs internationaux. Mais pour cela, il faudrait les payer ! estime Florent Bonaventure, le directeur de l'école de management de Sciences Po. Nous avons dix fois moins d'argent que la LSE », précise-t-il. « À trop vouloir jouer la carte de l'international, on risque de finir en 2e division, car on ne payera jamais aussi bien qu'au Canada ou aux États-Unis, observe en écho un professeur de droit. Là-bas, les enseignants sont devenus des mercenaires ». Et ce n'est pas le philosophe sénégalais formé en France Souleymane Bachir Diagne qui dira le contraire, lui qui, installé aux États-Unis depuis de nombreuses années, a été « acheté » par Columbia. Dans la compétition éducative internationale, l'argent est le nerf de la guerre.

8.

Vers un retour à l'ordre ?

« Alors, il est comment le nouveau ? Il a l'air de vouloir remettre les choses en ordre, non ? » À l'image de cet ancien, qui ne cache pas sa curiosité, ils sont nombreux à scruter, de la Rue Saint-Guillaume jusqu'aux sphères politico-médiatiques, les premiers pas du nouveau directeur de Sciences Po. Quels signaux envoie-t-il ? Saura-t-il maintenir les équilibres et redresser l'image de l'école auprès de l'opinion, sans s'attirer les foudres d'enseignants et chercheurs qui font la pluie et le beau temps ? Combien de temps va-t-il tenir ? En octobre 2024, après six mois passés sous administration provisoire et une année marquée par la démission d'un directeur, au moment même de la déflagration de l'amphi Gaza, c'est Luis Vassy, énarque quadragénaire, comme ses prédécesseurs, qui a pris la tête de l'institution en crise. Cette fois, en interne, beaucoup admettent ouvertement la crise, et font profil bas. « À l'évidence, nous n'avons pas bien recruté certains de nos étudiants. L'année 2024 nous l'a montré », reconnaît le directeur de l'une des sept écoles de masters. Les mêmes qui, il y a quelques années applaudissaient la suppression des épreuves écrites au nom de l'ouverture sociale, affirment aujourd'hui qu'une réforme des admissions est « prioritaire ». À la lumière de certains éléments, ils ont changé leur fusil d'épaule. En mars 2025, quand un élève est identifié pour avoir molesté une appariteur de l'école lors des mobilisations étudiantes de l'année précédente, la lecture de son dossier fait apparaître qu'il avait obtenu la note de 11 sur 20 au bac de français. Très peu donc, au regard de l'excellence que l'école prétend rechercher. La balance avait visiblement penché en sa faveur lorsque, dans son entretien d'admission, le candidat s'était prévalu du fort engagement syndical qu'il entendait faire vivre à Sciences Po. Doucement installée au fil d'années émaillées de polémiques diverses et variées, la crise de réputation est devenue une réalité depuis les secousses déclenchées par le conflit israélo-palestinien. « L'arrivée de Luis Vassy a effacé les inquiétudes des entreprises », veut croire le doyen d'une des écoles.

Mais au cœur du temple de l'élitisme, où les ragots sont légion, sur fond de luttes de chapelles et de guerres idéologiques, d'autres font le dos rond et se tiennent en embuscade, en attendant de connaître le sens du vent. D'autres encore, en spectateurs réjouis, se délectent devant le premier acte de la toute dernière pièce de théâtre qui s'écrit sous leurs yeux. La nouvelle direction, elle, multiplie les éléments de langage autour de « la libre expression dans le respect du pluralisme » et du « maintien de l'ordre dans le cadre du vivre-ensemble ». « Luis a une ambition, accompagnée d'une rigueur de gestion. Il a du caractère ce garçon », glisse un administrateur de la Fondation nationale des sciences politiques (FSNP), où pèsent les voix des patrons. L'équipe dirigeante mise sur « l'essoufflement » du mouvement étudiant. « Ils se font des illusions », fanfaronne-t-on dans le camp des syndicats d'extrême gauche. « Des manifs, on va encore en avoir. Après Gaza, ce sera autre chose », estime un proche de l'actuelle direction. Ses inquiétudes se portent davantage sur les enseignants-chercheurs et la faculté permanente, un monde fait de féodalités, de cooptations et d'idéologies, qui a la main sur le pouvoir. La bataille du retour à l'ordre n'est pas gagnée.

Opération nettoyage

« Visiblement, il y a une volonté de retour aux principes républicains », constate un élu de la droite. « Le nouveau directeur semble remettre les pendules à l'heure », observe un ancien, qui travaille aux côtés d'un député de la majorité présidentielle. Comme après chaque crise de gouvernance à Sciences Po, il est de bon ton de parler d'« apaisement ». Depuis le 1er octobre 2024, cet apaisement est donc incarné par Luis Vassy. L'appel à candidature avait mentionné une nécessaire « capacité d'adaptation et de gestion de crise ». Fortuitement, à 45 ans, le nouveau directeur peut se prévaloir d'une solide expérience dans le monde de la diplomatie. Après avoir fait ses armes auprès de Jean-Yves Le Drian, ministre de la Défense, ce normalien et énarque passé par Trinity College à Dublin, fut ambassadeur de France aux Pays-Bas, de 2019 à 2022, avant de diriger le cabinet des ministres des Affaires étrangères successifs Catherine Colonna et Stéphane Séjourné. Ses engagements sur les questions d'antisémitisme sont connus. Dans les rangs de ses détracteurs, on le taxe d'être « pro-israélien ». Luis Vassy parle un anglais moins parfait que Frédéric Mion, mais n'a pas le côté « bling-bling » de Mathias Vicherat. Contrairement à ce dernier, il n'est pas un proche du président Macron, qu'il a cependant côtoyé sur les bancs de l'Ena, au sein de la promotion Senghor. À l'inverse de ses prédécesseurs, on ne peut lui reprocher d'être parti « pantoufler » dans le privé. Certes, il n'a pas d'expérience du monde académique et universitaire, mais il semble que cette constante soit désormais admise. Enfin, presque.

« Il n'a pas le côté petit marquis de Mion, pas le côté communicant de Vicherat, ni le côté cocaïne de Descoings, mais il n'a aucune raison d'être là ! Quelle est sa vision pour l'école ? » interroge un ancien directeur du conseil de l'IEP, fort remonté contre l'énarchie. « Accepterait-on qu'un institut de physique nucléaire ou qu'une grande université scientifique soit géré par un énarque ? On semble considérer que les sciences humaines et la sociologie relèvent de simples discussions de comptoir ! » se scandalise une enseignante-chercheuse, qui appartient justement au camp des sociologues. Des cris d'orfraie qui cachent, selon un autre professeur, une cynique hypocrisie. « Les profs préfèrent être dirigés par un non-universitaire, car ils espèrent garder la main. D'ailleurs ils ont voté pour lui ! De vrais faux culs… » peste-t-il. « Est-ce qu'un médecin fait un bon ministre de la Santé ? interroge un professeur politiste. Un institut universitaire doit-il être dirigé par un universitaire ? Je ne le crois pas. Et puis Sciences Po n'est pas une université comme les autres. Sa fondation privée lui permet justement de fonctionner autrement », défend-il. Quant à Luis Vassy, il a « fait ses preuves aux Affaires étrangères », ajoute-t-il. Pour ce professeur, qui veut croire à une nouvelle ère, il est temps de « faire bouger les lignes », de « sortir du discours victimaire selon lequel la presse en voudrait à l'école », du « nombrilisme » et des « intrigues de bas étage ». Il faut surtout cesser de « se laisser imposer la vision de la minorité bruyante ». Et c'est avec enthousiasme qu'il salue l'arrivée d'un directeur à la « main de fer dans un gant de velours » qui, « derrière son côté modeste, a une vraie vision ».

Luis Vassy, quadragénaire à l'allure juvénile, n'est pas un grand extraverti. Derrière de grosses lunettes, il pèse chacun de ses mots, d'une voix basse qui oblige à tendre l'oreille. Il a pour lui de présenter le visage affable de la méritocratie républicaine. Contrairement à Mathias Vicherat, il n'a pas écrit, dans ses jeunes années, un essai sur le rap. Il est le fils d'un réfugié politique qui a fui la dictature en Uruguay, passant par le Chili de Salvador Allende, puis l'Argentine. Son père a francisé le nom de « Vasilskisest », d'origine juive polonaise, en arrivant en France en 1974, explique l'intéressé dans un portrait que *Le Monde* lui consacre, en octobre 2024, lors de son arrivée à la tête de Sciences Po. Il est né à Fontenay-sous-Bois, dans le Val-de-Marne, où son père, d'abord « laveur de vitre, puis projectionniste au cinéma municipal » a rencontré sa mère, une juriste argentine. On y apprend aussi que sa femme, sortie major de l'Ena, travaille dans une grande banque, et qu'il compte parmi ses amis de longue date le chanteur Thomas Dutronc. L'histoire raconte qu'alors lycéen à Louis-le-Grand, il était l'un des seuls « à reprendre le RER vers l'est de Paris ». « La plupart partaient vers l'ouest », confie-t-il dans un autre portrait, publié dans le journal *Libération* à l'été 2024, au moment d'une polémique sur les citoyens binationaux. À l'époque, après la dissolution de l'Assemblée prononcée par Emmanuel Macron, le RN fait campagne pour les législatives anticipées et envisage d'interdire les postes les plus stratégiques de l'État à ces binationaux. Une proposition qui laisse perplexe Luis Vassy, naturalisé à l'âge de deux ans. L'article de *Libération* relate aussi qu'après la présidentielle de 2002, qui avait vu le Front national se hisser au second tour de l'élection, il a pris sa carte au PS, et qu'en 2020, après l'assassinat du professeur Samuel Paty, alors ambassadeur aux Pays-Bas, il avait pris la parole dans un quotidien néerlandais, pour défendre la « laïcité à la française ».

À l'été 2024, lorsque le bal des prétendants s'ouvre à Sciences Po, son profil d'énarque parachuté dans la bataille annonce la couleur, avec un goût de déjà-vu. « J'ai eu l'impression d'être un chanteur de rock briguant la présidence d'un opéra », se souvient Pierre Mathiot, ancien directeur de l'IEP de Lille et candidat écarté, à l'issue de son audition devant la Fondation nationale des sciences politiques. « Dans le collège des fondateurs de la FNSP, on ne trouve pratiquement que des hauts fonctionnaires, qui ont fait carrière dans la politique ou le privé. Ils méprisent les universitaires. La démonstration de l'arrogance », assène-t-il, avec une colère toujours vive. À l'arrivée, comme par le passé, la « *short list* » compte un *outsider*, incarné par le directeur de l'IEP d'Aix-en-Provence, et une candidate maison, Arancha Gonzalez, la doyenne de l'école des affaires internationales de Sciences Po et ancienne ministre des Affaires étrangères espagnole. Luis Vassy l'emporte haut la main. S'il est énarque comme son prédécesseur, il ne semble pas appartenir au même monde que lui. L'école a tiré les leçons de l'affaire Vicherat, contraint de quitter le navire au point culminant des tensions.

Fin 2024, un an après son placement en garde à vue avec son ex-compagne, à l'issue d'une dispute filmée par la vidéosurveillance de l'hôtel Lutetia, les deux écopent finalement de quelques mois de prison avec sursis. Devant le tribunal, l'ancien directeur évoque « une violence physique quasi hebdomadaire », racontant « avoir déjà mis du fond de teint pour aller travailler ». « Mathias était un homme battu. Il m'avait caché tout cela », explique gravement un administrateur de la FNSP. À Sciences Po, le copain de promo d'Emmanuel Macron à l'Ena n'a pas laissé un glorieux souvenir. « C'était le type de chez Danone, ironise un universitaire. Il restait une heure en réunion et ensuite, on le voyait à la télé dans les travées de Roland Garros », se souvient-il. « Devant l'entrée de la Rue Saint-Guillaume, on le regardait faire les cent pas, en parlant fort au téléphone, avec ses mocassins à glands. On rigolait bien », s'amuse encore un ancien étudiant. Peu investi, renvoyant les questions sur la stratégie à sa dernière conférence de presse, donnant pour consigne de « faire feu de tout bois », Mathias Vicherat a laissé à Sciences Po les traces d'une gouvernance erratique. « Une calamité pour l'école, une lâcheté sur tous les sujets, assène plus sérieusement un professeur vacataire. Il disait oui à tout. Ça a été l'autogestion pendant deux ans ».

Après cette séquence, l'école revient de loin. « Luis Vassy n'est pas dans le vedettariat. Il ne mélangera pas sa vie publique et sa vie privée », se rassure un professeur. Mais les forces en présence ne partagent pas exactement les mêmes points de vue. « Il est raide. Il se comporte comme un préfet à l'ancienne. Comme quoi on peut être fils de révolutionnaire et de droite », ricane une mauvaise langue. « Il est décrit comme un homme de centre gauche. Il est surtout le symbole de l'élite », attaque-t-on à l'Union étudiante, syndicat majoritaire à l'école, proche de LFI. Droit dans ses bottes, Luis Vassy a expliqué, dans son projet pour l'école, avoir identifié une triple crise, « d'image, de projet et de gouvernance ». Il se fait fort de restaurer le calme et de redresser la réputation de l'institution « dans les médias et l'opinion, ainsi que chez les partenaires académiques, institutionnels et financiers ». Vaste défi. Peu après sa prise de fonction, il a multiplié les signaux de retour à l'ordre. Le 7 octobre 2024, un an après l'attaque du Hamas sur Israël, dans un message adressé à la communauté de Sciences Po, il pose des termes choisis. « Un massacre antisémite a vu 1 200 personnes assassinées sous les coups de groupes terroristes », écrit-il. Ce jour-là, la minute de silence pour les victimes et les otages israéliens, organisée par l'Union des étudiants juifs de France (UEJF) de Sciences Po, se tient calmement dans les jardins, autour de bougies, sans pour autant attirer les foules. À l'entrée, quatre appariteurs veillent et vérifient soigneusement les cartes d'accès. Quelques jours plus tôt, le leader de la France insoumise a appelé « la jeunesse étudiante » à « s'insoumettre » et à dresser, le 8 octobre, « des drapeaux palestiniens partout où c'est possible ».

À la rentrée 2024, la situation semble s'être apaisée. Si Sciences Po ne fait plus trop parler d'elle, l'agitation se poursuit mollement. Tous les jeudis, se tient la minute de silence pour Gaza, suivie du rassemblement en Péniche, où résonnent les slogans pro-Gaza devenus ordinaires. Les rangs des militants sont plus clairsemés. De son côté, Luis Vassy tranche avec les méthodes jusqu'alors établies. Il ne dialogue pas avec le Comité Palestine, entité « anonyme, qui a un mode de fonctionnement parfois très contestable », explique-t-il dans une interview au *Figaro*, en décembre 2024. « Quand j'entends parler d'étouffement des voix propalestiniennes, je suis un peu surpris », ajoute le directeur, sans manquer de préciser qu'à Sciences Po, l'association Students for Justice in Palestine (SJP) arrive en deuxième position en nombre d'événements organisés. À elle et à d'autres, il a rappelé le nouveau règlement intérieur, qui insiste sur le pluralisme des affichages. Cela n'empêche pas les habituelles batailles sur le panneau de la Péniche, dans le hall de la Rue Saint-Guillaume. En octobre, l'affiche d'hommage à Dominique Bernard, accompagné du message « professeur assassiné par un terroriste islamiste », placardée par le

Printemps Républicain, est rapidement remplacée par le slogan « Israël les abat d'une balle dans la tête », qui évoque le sort des enfants de Gaza. En mars 2025, aux côtés des féminicides recensés par l'association Garces, le tableau est criblé d'affiches du Comité Palestine, appelant à la libération des « otages palestiniens ».

Mais le nouveau patron accompagne ses déclarations d'actes, qui déroutent pour le moins l'institution confortablement installée dans ses habitudes. En octobre 2024, il saisit le Procureur de la République du cas d'Hicham Touili-Idrissi. L'ancien leader du Comité Palestine est parti travailler au Parlement européen aux côtés de l'insoumise Rima Hassan après avoir obtenu son diplôme. Sur son compte Instagram, il avait publié un message à la gloire de l'Intifada. « Luis Vassy fait le boulot », se réjouit-on au sein de la section du Printemps Républicain. Fin novembre 2024, devant le Conseil d'État, le directeur a aussi gagné sa bataille contre la même Rima Hassan. Il avait interdit la venue de la députée, invitée à l'école par l'association SJP pour y tenir une conférence sur la question de l'embargo de ventes d'armes à Israël. La militante propalestinienne avait répliqué auprès du tribunal administratif de Paris, qui était allé dans son sens en prononçant la levée l'interdiction. Mais Luis Vassy n'avait pas lâché. Devant le Conseil d'État, il faisait valoir le risque de troubles à l'ordre public. La plus haute juridiction administrative lui avait donné raison, estimant qu'au regard de « la situation actuelle de l'établissement » et du soutien répété de Rima Hassan aux occupations et blocages, il n'avait « pas porté une atteinte grave et manifestement illégale à la liberté d'expression ». Dans une interview donnée au magazine des anciens *Émile*, au sein d'un numéro faisant l'éloge de la nuance, Luis Vassy estimait alors que Sciences Po pouvait « s'enorgueillir d'être libre ».

En octobre 2024, le directeur prend une décision qui marque les esprits. Quatre étudiants sont interdits de campus. À la rentrée, lors du forum des carrières organisé par l'école, ils avaient participé à une action propalestinienne coup de poing, au cours de laquelle les stands de BNP, Dassault, Carrefour et L'Oréal avaient été dégradés. En février, c'est aux mêmes mesures conservatoires d'exclusion qu'il a recours pour trois élèves de l'Union étudiante, parmi lesquels sa présidente. Ces derniers figuraient parmi la dizaine d'agitateurs, dont certains revêtus de keffiehs et de masques, qui avaient bruyamment tenté d'empêcher une réunion du conseil de l'IEP. Celle-ci portait sur l'inflammable question du positionnement de Sciences Po à l'égard des conflits internationaux et des questions géopolitiques. Conformément aux promesses faites lors des mobilisations 2024, l'école a rédigé une « doctrine ».

« Si nous ne voulons pas que Sciences Po soit traité en objet politique, nous devons nous astreindre à une certaine réserve », a régulièrement expliqué Luis Vassy, invoquant le fondateur Émile Boutmy qui, dreyfusard, n'avait jamais entraîné l'École libre des sciences politiques sur ce terrain. Adoptée en mars 2025, cette doctrine fixe le « principe général de réserve institutionnelle ». Un recentrage qui permet d'assurer « le pluralisme des opinions » au sein de la communauté, défend l'école. Sciences Po n'est « ni une ONG, ni une ambassade », affirme Luis Vassy. Dans le rapport commandé sur le sujet, les trois professeurs de Sciences Po missionnés avaient relevé, pendant le court mandat de Mathias Vicherat, une « accélération » des prises de position. En mars 2022, l'école condamnait l'invasion de l'Ukraine par la Russie. Dans l'entre-deux tours de la présidentielle 2022, elle avait publié un communiqué appelant à faire voter contre Marine Le Pen, candidate du RN. À la faveur de cette tendance, les étudiants propalestiniens avaient revendiqué, eux, une position claire de l'école sur la situation à Gaza. Le directeur a sifflé la fin de la récré, renvoyant la bulle militante à l'organisation de « débats pluralistes mobilisant les enseignants-chercheurs », lorsqu'un événement politique ou géopolitique majeur se présente, et quand intervient une crise humanitaire de grande ampleur.

Il n'en fallait pas moins pour voir se formuler clairement la critique d'« autoritarisme » de la nouvelle gouvernance, et réveiller les velléités dans les rangs des enseignants-chercheurs. En mars 2025, dans un courrier à Luis Vassy, l'Union étudiante s'émeut de la « démonstration de force » et dénonce « une brutalité sans précédent et totalement disproportionnée », en rupture avec « la longue tradition des mobilisations étudiantes de Sciences Po ». Rapidement, ces étudiants d'extrême gauche reçoivent le plein soutien des syndicats des personnels de Sciences Po qui, dans une lettre ouverte au directeur, demandent « la restauration immédiate d'un dialogue respectueux » et réclament l'organisation d'un « *town hall* ». La faculté permanente entre aussi joyeusement en scène. Plus de 80 enseignants-chercheurs, sur environ 300, signent un courrier dans lequel ils se disent « profondément préoccupés par le recours excessif et arbitraire aux mesures d'exclusion temporaire », qui porte « atteinte à la liberté d'expression ». Dans la foulée, le directeur fait appel aux forces de l'ordre pour déloger du campus Saint-Thomas des étudiants affairés à préparer une occupation nocturne pour dénoncer « la reprise du génocide et la répression ».

Sur un groupe WhatsApp de professeurs, la décision alimente d'interminables débats, qui résument les préoccupations et tiraillements du moment. « Je ne sais pas vous, mais ça commence à m'inquiéter de voir que les forces de l'ordre s'habituent à intégrer le campus », amorce la discussion. « J'ai une inquiétude exactement inverse à la vôtre : qu'une minorité extrémiste entraîne Sciences Po dans une spirale de réputation négative », rétorque un enseignant. Les uns affirment que le directeur est « dans son rôle », les autres dénoncent l'actuelle « sanctionnite » et défendent l'« acte politique » d'étudiants libres de protester. Certains font valoir que, sans protestation, il n'y aurait pas eu « de mouvement américain des droits civils, pas de mariage pour tous, ni de suffragettes, puisque la majorité (mâle et/ou blanche) aurait décidé pour ces minorités ». Rue Saint-Guillaume, on ne craint pas les comparaisons audacieuses. D'autres voix remettent les pendules à l'heure. « La désobéissance civile d'un homme affrontant seul une colonne de chars place Tiananmen est-elle à placer sur le même plan que celle d'étudiants qui réclament le droit de dormir dans une cafétéria au nom d'on ne sait pas très bien quoi ? » interroge un enseignant. « Occupons-nous donc des médias qui semblent infliger un peu plus de dégâts que vingt étudiants dans une cafétéria la nuit », assène un autre. Quelques jours après cette évacuation par la police, c'est un concert organisé par l'association des anciens qui est perturbé. Des étudiants masqués tentent d'empêcher l'entrée dans l'amphi Boutmy d'alumni venus écouter du Brahms, du Debussy et du Gainsbourg. Lors de sa prise de fonction, c'est avec lucidité que Luis Vassy avait prévenu : le retour au calme ne sera pas immédiat. Il nécessitera des mesures structurelles et une solide endurance.

Le ver dans le fruit

« Alors, vous allez faire comme les autres ? » a lâché goguenard l'ancien Président de la République Nicolas Sarkozy lors d'un déjeuner avec le directeur de Sciences Po, peu après sa prise de fonctions. Luis Vassy n'en a pas l'intention. Mais en se plongeant dans les dossiers, il a pu prendre la mesure des dégâts, au cœur du réacteur. Les longues années de gouvernance de Frédéric Mion, huit ans, de 2013 à 2021, se sont déroulées dans un calme quasi olympien. Le directeur a géré d'une main de maître les dossiers financiers et les projets immobiliers de l'école. En parallèle, il s'est aussi désintéressé de la dimension scientifique et académique de l'école. Les enseignants-chercheurs les plus actifs et les plus idéologisés ont fait main basse sur le beau jouet. Et ce n'est pas Mathias Vicherat qui a infléchi la tendance, trop occupé à s'assurer la paix sociale, dans une idyllique « cogestion ». Depuis Richard Descoings, les deux directeurs successifs se sont plu à nourrir une relation de proximité, aux apparences amicales, avec les élèves.

Mais les actuelles figures de proue du mouvement étudiant, largement acquises aux idées de la France insoumise, ne se satisfont pas des règles en vigueur et considèrent que le vaste espace d'expression qui leur est laissé est, par essence, insuffisant. « Au-delà du cas de Sciences Po, le système réglementaire n'est pas adapté pour faire face aux méthodes militantes. En poussant la logique démocratique, nous nous sommes laissés envahir par le droit. Le risque est que ces outils n'atterrissent pas dans les bonnes mains, estime un interlocuteur récemment arrivé à l'école, au sein de l'équipe de direction. Quand des étudiants malins veulent jouer, ils peuvent jouer. Le problème, c'est qu'ils sont dans une détestation de l'institution et de toute forme de pouvoir ». En mars 2025, l'Union étudiante a ainsi annoncé qu'elle allait déposer un recours auprès du Conseil d'État, pour contester la régularité de l'élection de Luis Vassy.

Du côté des enseignants-chercheurs, la sociologie a dessiné son empreinte sur la faculté permanente de l'école. Après plusieurs décennies, au cours desquelles elle fut parfaitement méprisée par les disciplines universitaires classiques, elle a pris sa revanche, dans un vaste mouvement à l'œuvre dans le champ des sciences sociales, qui dépasse largement les frontières hexagonales. Ce que certains nomment le « wokisme » correspond, dans les enseignements et la recherche, à une sociologisation des sciences humaines, à laquelle s'ajoutent quelques ingrédients tels que la « race », importés des États-Unis.

Créé en 1952, le « centre d'études des relations internationales » de Sciences Po, qui vit passer Raymond Aron ou le géopolitologue Pierre Hassner, n'a pas revu son acronyme. Mais subrepticement, en 2015, le « Ceri » a remis son sigle au goût du jour, pour signifier désormais

« centre de recherches internationales ». Un détail qui n'est pas un. Là où il s'agissait d'étudier les relations internationales, le Ceri nouveau se propose d'examiner l'espace mondial, à l'aune de la sociologie. La lecture de son site internet permet de se donner une idée de l'approche envisagée. Il s'agit d'« articuler "local" et "global", particulier et universel » et d'inscrire l'étude des « objets de recherche internationaux et transnationaux » – les pratiques diplomatiques, mais aussi les politiques de sécurité, la violence et les migrations – dans « la sociologie des relations internationales ou la sociologie politique de l'international », est-il expliqué. « Et l'on arrive à la publication d'articles de recherche tels que "le long blanchiment des Arabes au Chili", un sujet en soi, mais très éloigné de l'étude des relations internationales », résume une figure de l'école. « Par le passé, les Normaliens venaient à Sciences Po pour faire des relations internationales. Aujourd'hui, c'est l'inverse ! » regrette-t-il. À ce jour, le Ceri compte une solide équipe faite d'une soixantaine de chercheurs détachés du CNRS, largement marqués à gauche et prompts au militantisme. De son côté, l'étude des sciences politiques se place sur un terrain largement occupé par la « politique comparée », une approche là encore sociologisante, qui écrase la théorie politique.

À l'école de droit, ce joyau créé par Descoings, qui a permis à tant de diplômés de se faire une place dans les grands cabinets d'avocats, les choses commencent aussi à tanguer. « Sur vingt-cinq profs, quatre ou cinq se sont révélés pendant les mobilisations propalestiniennes », rapporte un enseignant. « Tout marchait très bien, mais on les a laissé tenir la maison seuls, constate un cadre de l'institution. Cinq ans plus tard, on retrouve la chambre en désordre avec, à la place des agrégés de droit, dix doctorants qui font des recherches délirantes ! » Et sur le réseau social X, on découvre les écrits d'un juriste de cette école réputée qui, en novembre 2024, se laisse aller à des comparaisons. « L'Holocauste a répété et maximisé quatre siècles de colonialisme génocidaire. Aujourd'hui, Gaza reproduit à la fois le colonialisme et l'Holocauste », écrit l'intéressé. En mars 2025, le même professeur exprime son « soutien total » aux « étudiants qui protestent pacifiquement et à juste titre contre les atrocités de masse en Palestine ». Il dénonce une « répression policière choquante » à Sciences Po, qui « rappelle des temps sombres ».

On le sait, pour s'imposer comme une université digne de ce nom, Sciences Po a cherché à s'inscrire dans les standards mondiaux, qui requièrent un poids important d'enseignants-chercheurs. En vingt ans, sa faculté permanente a donc grossi, bien que péniblement. Si elle est passée d'une centaine de membres à environ 300, c'est en grande partie grâce au renfort de personnels du CNRS. Entre 2017 et 2022, les effectifs venus de l'organisme public de recherche ont ainsi progressé de 28 %, contre 8 % seulement pour les professeurs directement recrutés par la FNSP et 19 % pour ceux venus des universités. La raison est d'ordre financier. Détachés du CNRS, via les « unités mixtes de recherche », ces personnels sont mis à la disposition de l'école gratuitement. Le revers de la médaille, c'est la sociologisation en marche, et la perte de contrôle sur ces chercheurs qui ne sont pas tenus d'enseigner, et qui pratiquent allègrement la cooptation. À Sciences Po, on décrit un petit monde très organisé, fait de baronnies. « Un médiocre ne peut pas recruter des bons, juge sévèrement un connaisseur du dossier. Pour inverser la tendance, il faut choisir des professeurs acquis à la cause de l'excellence, que l'on trouve plus nombreux dans les rangs des économistes et des historiens ».

La mutation risque de prendre du temps. Si les étudiants restent cinq ans, les professeurs s'installent durablement au sein d'une institution où il fait bon vivre. Pour l'heure, la faculté permanente est parvenue à s'arroger les grands cours transversaux, selon une règle informelle. Un mouvement à rebours du modèle originel d'Émile Boutmy, fondé sur une forte proportion d'intervenants extérieurs, capables d'amener une respiration dans un monde académique souvent replié sur lui-même. Et les mots du philosophe et sociologue Bruno Latour, prononcés en 2012 après la mort de Descoings, appelant à ce que l'école reste une université « anormale », éloignée de l'« immobilisme » et de l'« incompétence » du « pouvoir académique », sonnent comme un espoir déçu.

Dans les rangs de la faculté permanente, des voix modérées qui avaient salué l'arrivée de Luis Vassy se font plus réservées. « Il fait le boulot, reconnaît en préambule un professeur. Mais lors du dernier comité stratégique de l'école de journalisme, où il y avait du beau monde, le patron de TF1, le directeur éditorial d'Arte, il ne salue personne, accapare la parole et part avant la fin. Il va se faire des ennemis mortels. Il méprise le corps académique et c'est réciproque », poursuit-il. Dans le monde venimeux des enseignants-chercheurs, il se murmure que le nouveau directeur n'a pas fait Ulm, mais Cachan, un « sous-Normale ». « Nous n'avions pas eu un profil comme ça depuis Lancelot », estime pour sa part un historique, présent dans la maison depuis une trentaine d'années. Spécialiste de la sociologie et des études électorales, Alain Lancelot est connu pour être l'auteur d'une grande réforme des études, mise en place au cours de ses deux mandats à Sciences Po, de 1987 à 1996, avant que Descoings ne lui succède. « Richard, lui, ne voulait pas être un simple proviseur de lycée », ajoute cruellement ce même interlocuteur.

En juin 2024, alors que le week-end marqué par la dissolution de l'Assemblée nationale a abasourdi les Français, un événement passe sous les radars médiatiques. Au Grand Rex, se tient la cérémonie de remise des diplômes de l'école des affaires internationales de Sciences Po. L'étudiante à qui est confié le soin de prononcer le discours profite de cette tribune offerte pour dénoncer la complicité de l'école dans le massacre de Gaza. Des drapeaux palestiniens flottent. Des familles quittent la salle en pleurs. Cette diplômée fait partie de l'association SJP, et c'est la doyenne de l'école elle-même qui a choisi de lui tendre le micro. Ou comment tenter d'acheter la paix sociale en se fourvoyant. « Pourquoi ne pas avoir désigné le major de la promo ? s'interroge la direction. Ce n'est pas en cédant que l'on obtiendra le calme ». Depuis l'affaire de l'amphi Gaza, qui avait vu une étudiante juive interdite d'accès à la salle, et les blocages qui avaient suivi, les dossiers d'une trentaine d'étudiants ont été envoyés à la section disciplinaire de Sciences Po. Cette instance indépendante est composée d'élèves, d'enseignants et de représentants du personnel de la FNSP. « Le problème, c'est qu'elle est complètement noyautée par les militants, qu'elle fait traîner les dossiers et organise l'impunité. La personne qui a empêché l'étudiante d'entrer dans l'amphi Boutmy a écopé d'un avertissement », rapporte une voix en interne. Le directeur de Sciences Po, lui, ne peut intervenir qu'en recourant au droit pénal ou à des mesures conservatoires. « En voyant arriver Luis, beaucoup de profs et d'étudiants se sont dit qu'ils allaient le bouffer, surtout après deux directeurs fragilisés par des histoires personnelles dont ils n'avaient fait qu'une bouchée. Mais ils se trompent, affirme un proche du directeur. Luis est un type très volontaire, qui va au fond des dossiers ».

La promesse du retour aux fondamentaux

Par-delà le brouhaha ambiant, c'est justement des dossiers de fond qui attendent le directeur. Depuis la suppression du concours écrit en 2021, les critères de sélection de l'école ont été vivement interrogés. Les lycées élitistes publics et privés, ainsi que la bourgeoisie parisienne se sont sentis mis de côté, et l'ont fait savoir dans leurs cercles d'influence. En octobre 2024, quinze jours à peine après sa prise de fonction, Luis Vassy annonce, dans une interview aux *Échos*, une réforme de la procédure d'admission. « Nous recrutons les plus compétents, pas les plus militants », promet-il, à l'adresse des candidats de la session 2025. Les lettres sur l'engagement et le projet de l'étudiant, qui étaient jointes au dossier, n'auront plus cours. Demander à des élèves de 16 ans de démontrer leur engagement social, c'est « faire peser une responsabilité très lourde » sur leurs épaules et celles de leurs familles, estime-t-il. Les notes obtenues au bac de français, une épreuve nationale et anonyme, seront surpondérées à 60 %, contre tout juste 7 à 8 % auparavant. Il s'agit de laisser moins de place au « contrôle continu », ces notes données au cours de l'année par les professeurs du lycée. Elles flirtent aujourd'hui avec de si hauts sommets qu'il devient difficile de distinguer les dossiers les plus performants. Avec ce petit changement qui pourrait faire évoluer à la marge les profils des candidats retenus, Sciences Po espère voir les choses bouger.

L'objectif est de « troquer les 5 % qui n'auraient pas dû être retenus », contre ceux qui « auraient dû l'être ». Pour cela, les membres de jury seront validés par la direction, avec l'objectif de faire vivre l'excellence et le mérite. Pour 2026, le directeur a par ailleurs l'ambition de réinstaurer un écrit, tout en précisant qu'il ne s'agira pas du grand retour de la dissertation de culture générale. Il veut s'inspirer des procédures de la Bocconi ou encore de Cambridge. De son côté, le baccalauréat s'apprête à voir arriver une nouvelle épreuve de mathématiques pour les élèves de première. Voilà qui est une aubaine pour Sciences Po. L'école pourra d'autant plus s'appuyer sur cette nouvelle note, qu'elle prévoit, dans la réforme de son bachelor, de faire davantage la place, à l'heure de l'avènement de l'intelligence artificielle, aux mathématiques, aux statistiques et aux datas. Sur les deux premières années, la formation promet également d'être renforcée, avec huit semaines supplémentaires. Seront introduits des cours de théorie politique, sur la base d'études de grands textes, « comme à Harvard », indique-t-on. Les sujets liés à la sécurité internationale, ces « *war studies* » que l'on trouve au King's College de Londres, monteront aussi en puissance.

Si les changements dans la procédure d'admission font grincer des dents les syndicats étudiants d'extrême gauche et les enseignants-chercheurs adeptes de la méritocratie à l'américaine, ils sont largement admis en interne. « Je constate que la génération recrutée selon les nouvelles modalités d'admission après l'année Covid est plus faible que la précédente », observe sur un enseignant dans la boucle WhatsApp de professeurs vacataires de l'école. « Sciences Po ne représente plus une élite et beaucoup de parents vont réfléchir à deux fois avant de payer des frais de scolarité conséquents pour une école qui doit fermer ses portes et passer en zoom à cause de manifestants. Les employeurs eux aussi se posent des questions », ajoute un autre. En externe, le signal envoyé a été très favorablement reçu. « Dès qu'il s'agit de l'éducation de leurs enfants, tous les parents sont de droite ! », s'amuse un cadre de l'institution. En mars, les candidatures d'élèves issus des quarante meilleurs lycées de France ont doublé par rapport à l'an dernier, affirme la direction. Preuve que le message adressé à la bourgeoisie a bien été entendu.

Dans ce beau tableau, reste la question pressante du budget. La subvention de l'État n'est pas appelée à croître de manière substantielle. « Les finances de Sciences Po sont à l'image des finances de la France, estime un observateur. On laisse faire pendant des années et ensuite, on augmente les impôts. Dans le même temps, les citoyens ne croient pas à l'existence du déficit public ». Luis Vassy a promis de ne pas toucher aux frais de scolarité. Il ne peut se le permettre après les crises successives. Mais pour faire prospérer son plus gros poste de ressources, il pourrait envisager de faire monter les effectifs, en ouvrant un nouveau campus en région. L'idée semble dans les tuyaux depuis que le directeur a fait le déplacement à Marseille. « Oui, ils veulent qu'on vienne », confirme-t-on à Sciences Po. Mais le projet, qui nécessite une mise à disposition de locaux par la ville, est loin d'être abouti. D'autant qu'il suscite l'opposition de l'IEP d'Aix-en-Provence et du monde universitaire local. Comme ses prédécesseurs, Luis Vassy doit regarder du côté des partenaires extérieurs. Certaines voix pessimistes estiment que les relais de l'ex-diplomate dans le monde des affaires ne sont pas suffisants. Reste qu'il est parvenu à restaurer une forme de confiance. Si le milliardaire américain Frank McCourt a définitivement tourné la page, le Français Marc Ladreit de Lacharrière, le plus gros partenaire individuel de l'école, s'est à nouveau engagé à ses côtés, tandis que la famille Fitoussi a remis sa bourse en place. Du côté des collectivités, la présidente de la région Île-de-France a annoncé qu'elle verserait en 2025 sa subvention d'un million d'euros, suspendue l'année précédente au moment de l'amphi Gaza. Pour Valérie Pécresse, Luis Vassy a donné les gages nécessaires « au sursaut d'autorité ». Sciences Po a signé la « charte républicaine », devenue préalable à tout financement, que l'élue de droite a rédigée pour l'ensemble des universités et grandes écoles franciliennes. En région Provence-Alpes-Côte-d'Azur, les horizons sont moins dégagés. L'éventuel retour de la subvention au campus de Menton est en suspens. « Nous voulons des engagements sur le papier, qui puissent nous prémunir de tout activisme séparatiste », indique l'entourage du président de la région Renaud Muselier.

Pendant ce temps, outre-Atlantique, le vent est en train de tourner pour les universités américaines, qui affrontent un séisme. De retour à la Maison Blanche en janvier 2025, Donald Trump s'est attaqué aux établissements soupçonnés d'être des foyers antisémites depuis les manifestations propalestiennes. Épicentre de ces mobilisations en 2024, Columbia a vu la sanction tomber en mars 2025, avec la coupure de l'aide fédérale de 400 millions de dollars, soit 20 % de son budget. Pour retrouver ces fonds, l'université new-yorkaise s'est pliée aux conditions radicales fixées par l'administration : la restriction des masques sur le campus afin d'identifier les manifestants, l'instauration d'une police universitaire ou encore la nomination d'un vice-recteur pour superviser et évaluer ses départements sur le Moyen-Orient, l'Asie du Sud et l'Afrique. Après avoir signé cet accord, la présidente par intérim Katrina Armstrong a démissionné. Alors que le gouvernement Trump perçoit ses universités les plus prestigieuses comme des repaires d'intellectuels de gauche cultivant le « wokisme », des enquêtes ont été ouvertes fin mars 2025 contre Stanford, Berkeley, UCLA et UC Irvine. Les universités californiennes sont accusées de contourner l'interdiction d'utiliser l'origine ethnique dans leurs critères d'admission. « Chaque étudiant américain mérite d'être jugé uniquement en fonction de son travail, de son intelligence et de son caractère, et non de la couleur de sa peau », a martelé la ministre de la Justice. Dès son retour au pouvoir, le président Trump avait immédiatement signé un décret déclarant « illégaux » les programmes de « Diversité, Équité, Inclusion » (DEI) dans les administrations et les agences fédérales.

Sciences Po va-t-elle continuer de regarder du côté du modèle américain et poursuivre sa course vers le « Harvard à la française » ? Luis Vassy n'est pas très fan de l'expression qui, au-delà d'un marketing ayant pu produire certains effets, ne tient pas la comparaison en termes de volumes. Il regarde davantage vers le continent européen. Le directeur a affirmé qu'il voulait « moderniser le logiciel Descoings ». L'avenir dira ce qu'il entend par là. Pour l'heure, il a tenu à assurer en personne une « conférence de méthode », ce qui ne s'était pas vu depuis Richard Descoings. Le défunt patron avait tenu un cours sur les institutions politiques. Luis Vassy intervient, lui, dans le master affaires publiques, pour y parler de relations internationales. Et lorsqu'on l'interroge sur sa lignée avec l'écrasant directeur, s'il reconnaît les réussites de l'ouverture internationale et sociale, il se réfère davantage à Alain Lancelot, qui a selon lui construit « la matrice intellectuelle de Sciences Po », avec ce grand cours, créé en 1989, sur les « grandes lignes de partages du monde contemporain ». Un sujet d'actualité.

Conclusion

Qu'ils soient fraîchement diplômés ou sortis de l'école il y a plus de soixante ans, les anciens de Sciences Po sont toujours très volubiles quand il s'agit de parler de l'institution. La plupart du temps, ils s'estiment privilégiés d'avoir pu passer du temps dans un lieu qui les a ouverts sur le monde, à de travers de brillants cours, des conférences régulières et une vie étudiante faite d'émulation. « On est trop gâtés », estime l'un d'eux, qui avoue s'être lassé, au fil du temps, des interventions régulières de personnalités de premier plan, invitées Rue Saint-Guillaume. Un ancien préfet diplômé des années 1960 garde un souvenir intact de ses échanges virulents, en Péniche, avec Jean-Pierre Chevènement. Ils n'étaient pas du même bord politique, mais l'école a scellé leur amitié. « Mon rapport à Sciences Po relève de la psychanalyse ! » s'amuse un ancien de la promo 2016, qui observe avec une sévérité emprunte d'une vraie tristesse les récentes évolutions et l'image renvoyée auprès de l'opinion publique. À l'heure des réseaux sociaux et de la polarisation des débats, l'amphi Gaza et les mobilisations propalestiniennes ont été dévastateurs. Sciences Po a présenté le visage d'une institution ingouvernable, au sein de laquelle les élus de la France insoumise ont trouvé un public acquis. Pour le parti de Jean-Luc Mélenchon, l'établissement élitiste est pourtant un symbole à abattre. « Je ne m'explique pas pourquoi des étudiants veulent détruire l'école qui les forme », s'interroge un cadre de la maison. Ils ont suivi en cela une vaste tendance mondiale, lancée par les universités américaines d'élite, dans laquelle la défense des droits des minorités a remplacé les combats politiques traditionnels. À Sciences Po, certains temporisent, estimant que ces mobilisations ne sont que le reflet d'un mouvement qui agite la société tout entière. Pour d'autres, elles sont une insulte à la culture de débat propre à l'école. Outre-Atlantique, le retour de Donald Trump à la Maison Blanche a fait pencher le balancier à l'extrême opposé. Dans ce contexte, les voix promouvant la nuance et le pluralisme paraissent bien vaines.

« Mais Sciences Po ne doit pas être à l'image de la société, elle doit être au-dessus ! » veut croire une énarque, qui enseigne depuis plusieurs années Rue Saint-Guillaume. Alors que l'école a cumulé des crises qui ont décrédibilisé sa direction, à l'image de ces Français qui ne croient plus en leurs élites, le nouveau directeur fait face à un vaste défi. En interdisant de campus des étudiants qui avaient participé à des actions militantes et en annonçant rapidement un changement dans la procédure d'admission des futurs lycéens, il a donné des gages de retour à l'ordre. Au-delà des signaux, il va devoir, après avoir identifié une triple crise « d'image, de projet et de gouvernance », s'attaquer aux sujets de fond. Si Sciences Po continue de préparer, à travers des filières parfaitement identifiées par les recruteurs des étudiants se destinant à de belles carrières, son offre de formation est confuse, tant elle est disparate. Un désordre à l'image du 27, rue Saint-Guillaume, ce bâtiment vieillissant aux allures extravagantes, où déambulent des étudiants de toutes nationalités dans des dédales et recoins étonnants, avant d'atterrir dans le hall, où le panneau des associations affiche les luttes du moment. Sciences Po doit se mettre à jour. Le nouveau directeur a prévu de renforcer la formation sur les deux premières années, pour faire en sorte que les étudiants soient de vrais « généralistes », qui ne restent pas à la surface des choses. Les enseignants, qui constatent des lacunes en master, notamment en histoire, seront satisfaits de ce « retour aux fondamentaux », que les ministres de l'Éducation successifs, à leur échelle, appellent vainement de leurs vœux, de l'école primaire au lycée. Dans le même temps, le nouveau directeur ambitionne aussi de créer une « école de la gouvernance et des politiques du climat », qui viendra donc s'ajouter aux sept écoles déjà existantes.

Le diplomate venu du Quai d'Orsay va surtout devoir user de tact pour faire avancer une machine habituée à une forme d'autogestion. D'autant que l'école a imaginé tant de comités et d'instances que le pouvoir s'est par essence dilué.

Dans ce paysage, la « faculté permanente » est devenue incontournable. Dans son grand rêve de faire de Sciences Po une université présente sur la scène internationale, Richard Descoings avait posé pour principe d'augmenter la proportion des enseignants-chercheurs permanents. Si ces derniers ne sont que 300 aujourd'hui, ils occupent désormais une place centrale. Dans leurs rangs, les sociologues sont parmi les plus actifs. Et dans les enseignements et la recherche, la sociologie s'est frayé un chemin dans le champ des sciences politiques, des relations internationales ou du droit. Doucement mais sûrement, l'institution s'approche du modèle universitaire. D'ailleurs, les jeunes étudiants, lorsqu'ils la qualifient, ne parlent plus d'« école », mais bien d'« université ». Une évolution schizophrénique au regard du modèle mis en place il y a plus de 150 ans par le fondateur Émile Boutmy. Après la défaite de Sedan, qu'il attribuait à la faillite des élites, il voulait que l'« École libre des sciences politiques » se tienne à bonne distance du pouvoir et de l'université. Pour beaucoup, son système de gouvernance, basé sur une fondation privée, où hauts fonctionnaires et grands patrons ont voix au chapitre, et sur un institut public de formation, serait l'une de ses plus grandes forces. Mais pour ses détracteurs, il est le reflet d'une gestion insuffisamment démocratisée. « Sciences Po s'est banalisée. Avant, c'était une institution baroque. Aujourd'hui, c'est une étoile morte qui continue de briller », lâche un professeur mélancolique.

Dans le dernier numéro d'*Émile*, le magazine des anciens de Sciences Po, le journaliste et éditeur Renaud Leblond, descendant de Boutmy, écrit une courte fiction dans laquelle il imagine son aïeul revenant Rue Saint-Guillaume. Surpris par un environnement fait de téléphones portables, d'automobiles et de trottinettes, le fondateur se félicite de voir que l'école est restée « libre et autonome face à un État dévorateur et une faculté jalouse de ses prérogatives ». Dans cette fiction, l'actuel directeur de l'école est « un grand échalas au costume cintré et aux souliers impeccables », qui court « de rendez-vous dans les ministères en réunions avec les enseignants et les étudiants », aux côtés duquel Émile Boutmy « les poches toujours lourdes d'au moins trois ou quatre livres », ressemble à « un vieux bibliothécaire descendu de son échelle ». « Tout ce qui est excessif est insignifiant », lui glisse-t-il.

Bibliographie indicative

Les élites françaises, des Lumières au grand confinement, Éric Anceau, Passés Composés, 2020.

Richie, Raphaëlle Bacqué, Grasset, 2015.

Sciences Po, l'école de la domination, Mathieu Dejean, La Fabrique Éditions, 2023.

Sciences Po, de La Courneuve à Shanghai, Richard Descoings, Presses de Sciences Po, 2007.

Une jeunesse engagée, enquête sur les étudiants de Sciences Po, Martial Foucault et Anne Muxel, Presses de Sciences Po, 2022.

La Familia Grande, Camille Kouchner, Seuil, 2021.

La terreur violette, comment ils ont détruit Sciences Po, Pablo Ladam, Éditions de l'Observatoire, 2025.

Émile Boutmy. Le père de Sciences-Po, François et Renaud Leblond, Anne Carrière, 2013.

Les enjeux de la réforme des admissions à Sciences Po Paris : mérite et inégalités en tension dans une grande école, Marco Oberti, Alice Pavie, Mathieu Rossignol-Brunet, Liepp, 2024.

Sciences Po, un campus au cœur de Paris, Maryse Quinton, Éditions Autrement, janvier 2023.

L'école libre des sciences politiques, 1871-1939, Pierre Rain, Presses de Sciences Po, 1963.

Sciences Po, le roman vrai, Marie Scot, Presses de Sciences Po, 2022.

Sciences Po, dix ans après les Conventions Éducation Prioritaire, Vincent Tiberj, Centre d'études européennes de Sciences Po, 2011.

Sciences Po, histoire d'une réussite, Gérard Vincent, Olivier Orban, 1987.

Table des matières

Imprimé en France

Composition : Rudy Nimsguerns
N° d'imprimeur : 25040454
Achevé d'imprimer : mai 2025
Dépôt légal : mai 2025